RANIO GAMITA

10 DIAS COM Deus

UM PLANO DIVINO PARA A SUA VIDA FINANCEIRA

EMBASADO NA
METODOLOGIA DSOP
DE EDUCAÇÃO FINANCEIRA

Presidente: PhD Reinaldo Domingos
Coordenadora editorial: Renata de Sá
Editora de texto: Sabrina Levensteinas
Editora de arte: Marisa Corazza
Projeto gráfico e capa: Luyse Costa
Revisão: Andrei Sant'Anna

DADOS INTERNACIONAIS DE CATALOGAÇÃO NA PUBLICAÇÃO (CIP)

Gamita, Ranio
10 dias com Deus : um plano divino para a sua vida financeira / Ranio Gamita. -- São Paulo :
Editora DSOP, 2020.

ISBN 978-65-87565-03-3

1. Dinheiro - Aspectos religiosos 2. Educação financeira 3. Finanças pessoais - Aspectos religiosos I. Título.

20-40597 CDD-332.024

Índices para catálogo sistemático:
1. Finanças pessoais : Educação financeira :
Economia 332.024
Cibele Maria Dias - Bibliotecária - CRB-8/9427

Rua Alba, 88 - Parque Jabaquara - São Paulo - SP
CEP: 04346-000

SUMÁRIO

EPÍGRAFE

"Busquem em primeiro lugar o Reino de Deus e a sua justiça, e todas essas coisas lhes serão acrescentadas." (Mateus 6:33 – Nova Versão Internacional)

PREFÁCIO

Um dia, fui convidado para escrever o livro *Sabedoria Financeira: O milagre da multiplicação de seus recursos*, voltado para as famílias cristãs. Desde aquele momento, me senti lisonjeado e honrado por tamanha responsabilidade.

Na ocasião, o objetivo era trazer o meu conhecimento, a **Metodologia DSOP** e as suas relações com a Bíblia Sagrada. Foi um grande desafio, e constatei que a educação financeira que eu havia vivenciado até então já se encontrava nas palavras bíblicas.

Sete anos após a publicação, outra glória aconteceu em minha vida. Fui convidado por Ranio Gamita, meu amigo e irmão, a prefaciar sua obra magna *10 dias com Deus – Um plano divino para a sua vida financeira*. Nela, Ranio apresenta ensinamentos bíblicos relativos ao dinheiro e à sua utilização, além de nos presentear com o Princípio FIEL, embasado na **Metodologia DSOP**, de minha autoria, que tem como missão levar o ser humano ao equilíbrio do SER e do TER, possibilitando a sustentabilidade financeira para realização de sonhos e propósitos.

Em *10 dias com Deus*, você, cristão, encontrará muitas respostas ao praticar esses ensinamentos. Convido você a mergulhar com sua família nessa nova jornada do conhecimento financeiro.

Ao amigo Ranio, mais uma vez, peço a Deus que o abençoe e que continue a desenvolver suas habilidades e competências no universo cristão e no da educação financeira.

Abraços fraternos,
PhD Reinaldo Domingos

APRESENTAÇÃO

"Da cruz do calvário, Cristo pede uma consagração sem reservas. Tudo o que temos e somos deve ser dedicado a Deus" – Fé pela qual eu vivo – MM 1959, p.144.

Meu querido e amado irmão, este livro foi escrito, em primeiro lugar, para que você entenda que Deus pode operar milagres em todas as dimensões da sua vida e, em segundo lugar, para que você tenha uma educação financeira alicerçada nos princípios da **Palavra de Deus**. Temos uma batalha pela frente, mas sairemos vitoriosos dela.

✔ Louve sempre ao Senhor, agradecendo a Ele as realizações em sua vida.

✔ Louve com fé e receberá de volta o poder de Deus.

✔ Nessa caminhada, você não estará sozinho, mas com o Rei da Paz, que irá conduzi-lo à vitória.

Para dar início à nossa jornada em busca de educação financeira, a partir de preceitos cristãos, gostaria de compartilhar contigo uma canção, um hino ao Senhor. Tenho absoluta certeza de que ela o ajudará a não desistir.

Vamos batalhar, juntos pelejar,
Todos a lutar, vamos já.
Eis que nosso rei com as hostes vem
Tão glorioso! Quem o vencerá?

Vamos, crentes, vamos já avante,
Firmes sempre, com o Rei da Paz.
Cristo é nosso forte comandante,
Ele é nosso general capaz.
Vamos avançar, sem temor alçar,
Sim, fazer brilhar nossa luz.
Trevas vão fugir, glórias hão de vir,
Venham todos aclamar Jesus!
Deus, glorioso pai, sempre à frente vai,
Firmes, pois lutar com ardor.
Quando o fim chegar, findo o batalhar,
Vem-nos coroar, por teu amor

(Hinário Adventista – Vamos Batalhar número 343)

Desde o início dos tempos, as metodologias foram apresentadas como uma fórmula para os sucessos material, financeiro, físico e até espiritual. Sabemos, entretanto, que há uma única proteção e garantia, um único caminho seguro: o do Nosso Salvador.

Comece a louvar e abençoar tudo o que Deus tem concedido a você. Se você crer que a sua vida pode ser transformada, continue a leitura deste livro e procure passar por todas as etapas que eu reuni nestas páginas. Ao pedirem que ouça um hino de louvor, ao refletir acerca da sua realidade financeira ou ao responder a alguma atividade, faça-o com dedicação e de maneira inteiramente aberta para a transformação que sua vida está prestes a passar.

10 dias com Deus – Um plano divino para a sua vida financeira é fruto da necessidade de apresentar a educação financeira àqueles que vivem uma fé, mas que passam por profundos transtornos financeiros. Deus deseja que seu povo seja feliz, próspero e abençoado. Com esse sentimento, desenvolvi o princípio FIEL, que tem quatro pilares no processo de transformação da vida cristã.

F – FIDELIDADE
I – IDENTIFICAÇÃO
E – ENVOLVIMENTO
L – LIBERALIDADE

Cada um desses pilares será apresentado individualmente no decorrer da obra, dando a oportunidade para você e sua família começarem uma profunda mudança comportamental – tanto financeira quanto espiritual.

Certamente, meu caro irmão, a reorganização da sua vida financeira está diretamente relacionada ao seu reencontro com Deus. Ou seja, o nosso fortalecimento espiritual depende do grau de relacionamento com Deus, que, por sua vez, depende da nossa fidelidade. O conjunto dessa prática – fé cristã e educação financeira – trará prosperidade ao verdadeiro adorador.

DEUS PRECISA SER CHAMADO A PARTICIPAR DA NOSSA VIDA FINANCEIRA

Na Palavra de Deus, existem muitos preceitos e orientações relacionados à educação financeira que levarão você a refletir sobre a própria situação e a buscar uma mudança sadia, que agradará ao nosso Criador. Digo e repito: um povo íntegro e temente a Deus significa um povo saudável e próspero! A nossa lealdade trará abundância para todos aqueles que creem no seu maravilhoso poder e para aqueles que desejam ser fiéis a Ele.

3 João 1:2

NOVA TRADUÇÃO NA LINGUAGEM DE HOJE	ALMEIDA REVISTA E ATUALIZADA	ALMEIDA REVISTA E CORRIGIDA	TRADUÇÃO BRASILEIRA
Meu querido amigo, tenho pedido a Deus que você vá bem em tudo e que esteja com boa saúde, assim como está bem espiritualmente.	Amado, acima de tudo, faço votos por tua prosperidade e saúde, assim como é próspera a tua alma. Caminha e serás bem-sucedido.	Amado, desejo que te vá bem em todas as coisas e que tenhas saúde, assim como bem vai a tua alma.	Amado, peço a Deus que prosperes em tudo e tenhas saúde, assim como tua alma próspera.

Desejo que nossas famílias estejam fortes, felizes e fiéis, realizando todos os planos de Deus em suas vidas. Mas, para que isso aconteça, é necessário que todos estejam munidos de boa educação; assim, poderemos realizar um amplo processo de mudança da nossa estrutura espiritual e da financeira.

A escritora norte-americana Ellen G. White afirma em seu livro *A ciência do bom viver* que a economia, porém, harmoniza-se com a mais ampla liberalidade (generosidade). Verdadeiramente, sem economia não pode existir real liberalidade (generosidade). É preciso que poupemos a fim de podermos dar.

Certamente, é possível que cada pessoa consiga melhorar nos campos da felicidade, da saúde, das finanças e do entendimento espiritual quando passa a utilizar as orientações transmitidas por Jesus.

Cristo é o nosso padrão!

Marcos 10:29-30

NOVA TRADUÇÃO NA LINGUAGEM DE HOJE	ALMEIDA REVISTA E ATUALIZADA	ALMEIDA REVISTA E CORRIGIDA	TRADUÇÃO BRASILEIRA
Jesus respondeu: Eu afirmo a vocês que isto é verdade: aquele que, por causa de mim e do evangelho, deixar casa, irmãos, irmãs, mãe, pai, filhos ou terras, receberá muito mais, ainda nesta vida. Receberá cem vezes mais casas, irmãos, irmãs, mães, filhos, terras e também perseguições. E no futuro receberá a vida eterna.	Tornou Jesus: Em verdade vos digo que ninguém há que tenha deixado casa, ou irmãos, ou irmãs, ou mãe, ou pai, ou filhos, ou campos, por amor de mim e por amor do evangelho, que não receba, já no presente, o cêntuplo de casas, irmãos, irmãs, mães, filhos e campos, com perseguições; e, no mundo por vir, a vida eterna.	E Jesus, respondendo, disse: Em verdade vos digo que ninguém há que tenha deixado casa, ou irmãos, ou irmãs, ou pai, ou mãe, ou mulher, ou filhos, ou campos, por amor de mim e do evangelho, que não receba cem vezes tanto, já neste tempo, em casas, e irmãos, e irmãs, e mães, e filhos, e campos, com perseguições, e, no século futuro, a vida eterna.	Tornou Jesus: Em verdade vos digo que ninguém há que tenha deixado casa, ou irmãos, ou irmãs, ou mãe, ou pai, ou filhos, ou campos, por amor de mim e por amor do evangelho, que não receba já no presente o cêntuplo de casas, irmãos, irmãs, mães, filhos e campos, com perseguições; e, no mundo vindouro, a vida eterna.

Durante toda uma vida, necessitamos optar por caminhos (muitos são os que aparecem) e tomar decisões durante a jornada aqui na Terra. Deus nos concedeu o poder de escolha e nos compete, dia após dia, exercê-lo. Suplique a Deus sabedoria e disposição para cumprir o que é certo.

Lembre-se da força dentro de si e do poder de decisão que está em suas mãos.

Ellen G. White escreveu:
"Muitos indagam: 'Como devo fazer a entrega do próprio eu a Deus?'. Desejais entregar-vos a Ele, mas sois faltos de poder moral, escravos da dúvida e dirigidos pelos hábitos da vossa vida de pecado. Vossas promessas e resoluções são como palavras escritas na areia. Não podeis dominar os pensamentos, os impulsos e as afeições. O conhecimento das vossas promessas violadas e dos votos não cumpridos enfraquece a confiança em vossa própria sinceridade, levando-vos a julgar que Deus não vos pode aceitar, mas não precisais desesperar. O que deveis compreender é a verdadeira força da vontade. Esta é o poder que governa a natureza do homem, o poder de decisão ou de escolha. Tudo depende da reta ação da vontade. Deus deu o poder de escolha ao homem, e a ele compete exercê-lo. Não podeis mudar vosso coração, não podeis por vós mesmos consagrar a Deus as vossas afeições, mas podeis escolher servi-lo."

Nas próximas páginas, iniciaremos o primeiro exercício rumo à identificação da nossa real situação. Seja **FIEL** ao responder às questões. Deus está preparando milagres grandiosos na sua vida. Como está escrito em 1 Tessalonicense 4:11-12: "Esforcem-se para ter uma vida tranquila, cuidar dos seus próprios negócios e trabalhar com as próprias mãos, como nós os instruímos, a fim de que andem decentemente aos olhos dos que são de fora e não dependam de ninguém" (NOVA VERSÃO INTERNACIONAL).

EXERCÍCIO 01:

O que Deus diria sobre a sua gestão financeira neste exato momento? Para ajudar a avaliar como você está se saindo como gerente financeiro, atribua a si mesmo uma nota para cada um dos critérios a seguir. Circule uma resposta na escala, considerando 1 como péssimo e 5 como excelente.

Critério					
Conhece e aplica a Palavra de Deus em relação às suas decisões financeiras	1	2	3	4	5
Dá ao Senhor, dizimando em uma igreja local	1	2	3	4	5
Oferta para sustentar o trabalho de expansão do reino de Deus	1	2	3	4	5
Possui sobra financeira (gasta menos do que ganha)	1	2	3	4	5
Aplica um plano de despesas	1	2	3	4	5
Sabe a diferença entre desejos e necessidades	1	2	3	4	5
Possui um fundo de economia para emergências (meta mínima de R$ 1.000)	1	2	3	4	5
Paga o cartão de crédito integralmente	1	2	3	4	5
Paga outras dívidas de consumo (financiamentos de carros, estudantis e/ou familiares)	1	2	3	4	5
Tem um financiamento habitacional administrável	1	2	3	4	5
Economiza para compras de valores mais altos	1	2	3	4	5
Economiza para a aposentadoria	1	2	3	4	5
Economiza para a educação dos filhos	1	2	3	4	5
Possui um testamento atualizado	1	2	3	4	5
Compartilha os princípios financeiros de Deus com outras pessoas	1	2	3	4	5

Fonte: adaptada do Ministério de Finanças.

De 15 a 25 Você começou bem a sua jornada para a mordomia, mas pode fazer mais.

De 26 a 50 Você está indo bem no seu caminho.

De 51 a 75 Você está se tornando FIEL na mordomia.

Veja, a seguir, algumas passagens bíblicas e questões para refletir que o farão pensar mais profundamente em como ser um bom mordomo:

Leia:

✔ Atos 20.35 e 1 Coríntios 13.3. Qual é a atitude que Deus espera de você em relação a dar?

____

✔ Malaquias 3.8-10. Por que Deus deseja que você dizime e oferte?

____

✔ Provérbio 22.7 e Provérbio 6.5. O que as ações da gazela revelam sobre a maneira como você deve ver as suas dívidas?

____

✔ Provérbio 21.20. Por que economizar é o oposto de se endividar?

____

✔ 1 Tessalonicenses 4.11,12. O que Deus pode fazer com um bom mordomo?

____

Há educação financeira em toda a Bíblia Sagrada, por isso clame ao Senhor para que ele mude sua visão e sua concepção quanto às finanças equilibradas, que são tão importantes para os dias atuais. Podemos iniciar a nossa jornada educacional financeira meditando e obedecendo à Palavra: ***O TEMOR AO SENHOR NÃO É SOMENTE O PRINCÍPIO DA SABEDORIA, MAS TAMBÉM O FUNDAMENTO DE TODA VERDADEIRA PROSPERIDADE.***

Salmos 1:1-3

NOVA TRADUÇÃO NA LINGUAGEM DE HOJE	ALMEIDA REVISTA E ATUALIZADA	ALMEIDA REVISTA E CORRIGIDA	TRADUÇÃO BRASILEIRA
Felizes são aqueles que não se deixam levar pelos conselhos dos maus, que não seguem o exemplo dos que não querem saber de Deus e que não se juntam com os que zombam de tudo o que é sagrado! Pelo contrário, o prazer deles está na lei do SENHOR, e nessa lei eles meditam dia e noite.	Bem-aventurado o homem que não anda no conselho dos ímpios, não se detém no caminho dos pecadores nem se assenta na roda dos escarnecedores. Antes, o seu prazer está na lei do SENHOR, e na sua lei medita de dia e de noite. Ele é como árvore plantada junto à corrente de águas, árvore que, no	Bem-aventurado o varão que não anda segundo o conselho dos ímpios, nem se detém no caminho dos pecadores, nem se assenta na roda dos escarnecedores. Antes, tem o seu prazer na lei do SENHOR, e na sua lei medita de dia e de noite. Pois será como a árvore plantada junto a ribeiros de águas, a qual	Feliz é o homem que não anda segundo o conselho dos iníquos, nem no caminho dos pecadores se detém, nem na roda dos escarnecedores se assenta. Mas o seu prazer está na lei de Jeová, e na sua lei medita de dia e de noite. Ele é tal qual árvore plantada junto às correntes das águas, a qual, em tempo próprio, dá o seu fruto

Essas pessoas são como árvores que crescem na beira de um riacho; elas dão frutas no tempo certo, e as suas folhas não murcham. Assim também tudo o que essas pessoas fazem dá certo.	devido tempo, dá o seu fruto e cuja folhagem não murcha; e tudo quanto ele faz será bem-sucedido.	dá o seu fruto na estação própria e cujas folhas não caem, e tudo quanto fizer prosperará.	e cuja folha não cai. Ele leva ao fim tudo quanto empreende.

Então, de novo...

Josué 1:8

NOVA TRADUÇÃO NA LINGUAGEM DE HOJE	ALMEIDA REVISTA E ATUALIZADA	ALMEIDA REVISTA E CORRIGIDA	TRADUÇÃO BRASILEIRA
Fale sempre do que está escrito no Livro da Lei. Estude esse livro dia e noite e se esforce para viver de acordo com tudo o que está escrito nele. Se fizer isso, tudo lhe correrá bem e você terá sucesso.	Não cesses de falar deste Livro da Lei; antes, medita nele dia e noite para que tenhas cuidado de fazer segundo tudo quanto nele está escrito; então, farás prosperar o teu caminho e serás bem-sucedido.	Não se aparte da tua boca o livro desta Lei; antes, medita nele dia e noite para que tenhas cuidado de fazer conforme tudo quanto nele está escrito; porque, então, farás prosperar o teu caminho e, então, prudentemente te conduzirás.	Não se apartará da tua boca este livro da lei, mas meditarás nele de dia e de noite para que cuides de fazer tudo o que nele está escrito. Então, farás próspero o teu caminho e serás bem-sucedido.

E de novo...

1 Crônicas 22:13

NOVA TRADUÇÃO NA LINGUAGEM DE HOJE	ALMEIDA REVISTA E ATUALIZADA	ALMEIDA REVISTA E CORRIGIDA	TRADUÇÃO BRASILEIRA
Se você obedecer a todas as leis que o SENHOR deu a Moisés para o povo de Israel, tudo irá bem para você. Seja forte e corajoso; não desanime nem tenha medo.	Então, prosperarás, se cuidares em cumprir os estatutos e os juízos que o SENHOR ordenou a Moisés acerca de Israel; sê forte e corajoso, não temas, não te desalentes.	Então, prosperarás, se tiveres cuidado de fazer os estatutos e os juízos que o SENHOR mandou a Moisés acerca de Israel; esforça-te, e tem bom ânimo, e não temas nem tenhas pavor.	Então, serás próspero se cuidares em cumprir os estatutos e os juízos que Jeová mandou a Moisés acerca de Israel. Esforça-te e tem bom ânimo; não tenhas medo nem te desalentes.

As bênçãos, que podem ser pessoais, familiares, profissionais, materiais, financeiras e, sobretudo, espirituais, vêm da procura incansável dos seus fiéis a Deus. A vida sufocada e agitada dos dias de hoje nos leva a esquecer que Deus **é o dono de tudo** e que nossa posição é simplesmente a de um administrador. Quer dizer, somos totalmente responsáveis pela administração dos bens que Cristo nos confiou. Quando ouvimos e obedecemos a Deus, o povo d'Ele prospera.

2 Crônicas 26:5

NOVA TRADUÇÃO NA LINGUAGEM DE HOJE	ALMEIDA REVISTA E ATUALIZADA	ALMEIDA REVISTA E CORRIGIDA	TRADUÇÃO BRASILEIRA
Enquanto Zacarias viveu, Uzias serviu a Deus fielmente, pois Zacarias o ensinou a respeitar o SENHOR. Durante esse tempo, Deus o abençoou.	Propôs-se buscar a Deus nos dias de Zacarias, que era sábio nas visões de Deus; nos dias em que buscou ao SENHOR, Deus o fez prosperar.	Porque se deu-se a buscar a Deus nos dias de Zacarias, sábio nas visões de Deus; e, nos dias em que buscou o SENHOR, Deus o fez prosperar.	Propôs-se buscar a Deus nos dias de Zacarias, que era entendido nas visões de Deus. Enquanto buscava a Jeová, fê-lo Deus prosperar.

E outro...

2 Crônicas 31:21

NOVA TRADUÇÃO NA LINGUAGEM DE HOJE	ALMEIDA REVISTA E ATUALIZADA	ALMEIDA REVISTA E CORRIGIDA	TRADUÇÃO BRASILEIRA
Tudo o que Ezequias fez para o Templo ou em obediência à lei deu certo porque ele procurou sempre seguir com todo o coração a vontade de Deus.	Em toda a obra que começou no serviço da Casa de Deus, na lei e nos mandamentos, para buscar a seu Deus, de todo o coração o fez e prosperou.	E em toda obra que começou no serviço da Casa de Deus, e na lei, e nos mandamentos, para buscar a seu Deus, com todo o seu coração o fez e prosperou.	Em toda a sua obra que começou no serviço da Casa de Deus, e na lei, e nos mandamentos, para buscar ao seu Deus, **ele o fez de todo o seu coração e foi bem-sucedido**.

Observe atentamente o versículo da tradução brasileira, especificamente quando é dito **"ele o fez de todo o seu coração e foi bem-sucedido"**. Quantas vezes ouvimos dizer que o consumismo está tomando conta da sociedade? Ocorre que não haverá reversão desse quadro sem educação financeira e, principalmente, sem orientação de Deus. O bom de tudo isso é que todas as orientações necessárias para o sucesso, para a independência financeira e, principalmente, para a felicidade encontram-se no maior e melhor manual de instruções de sobrevivência que existe, a Bíblia.

A maneira como lidamos com o dinheiro afeta nossa comunhão com o Senhor. Quando utilizamos os princípios financeiros de Deus, ficamos mais próximos a Ele. É necessário viver com as finanças controladas, isto é, gastar menos do que ganhar, pois, ao considerarmos princípios bíblicos, poderemos ter uma vida equilibrada financeiramente, o que proporcionará uma vida vitoriosa – individual e familiar.

Em **Lucas 16:11** temos:

NOVA TRADUÇÃO NA LINGUAGEM DE HOJE	ALMEIDA REVISTA E ATUALIZADA	ALMEIDA REVISTA E CORRIGIDA	TRADUÇÃO BRASILEIRA
Pois, se vocês não forem honestos com as riquezas deste mundo, quem vai pôr vocês para tomar conta das riquezas verdadeiras?	Se, pois, não vos tornastes fiéis na aplicação das riquezas de origem injusta, quem vos confiará a verdadeira riqueza?	Pois, se nas riquezas injustas não fostes fiéis, quem vos confiará as verdadeiras?	Se, pois, não fostes fiéis nas riquezas injustas, quem vos confiará as verdadeiras?

A escritora norte-americana Ellen G. White apresenta o seguinte discurso a respeito do dinheiro:

"Não devem os seguidores de Cristo desprezar a riqueza; devem considerá-la um talento confiado pelo Senhor. Pelo uso sábio de Seus dons, podem eles ser eternamente beneficiados, mas devemos ter sempre em mente o fato de que Deus não nos deu riquezas para usá-las justamente como imaginamos, para satisfazermos o impulso, para as conferirmos ou retermos de acordo com a nossa vontade. Não devemos usar as riquezas de maneira egoísta, empregando-as simplesmente para nossa própria satisfação. Tal atitude não seria correta para com Deus nem para com nossos semelhantes, trazendo apenas, por fim, perplexidade e dificuldades."

Está muito claro que a riqueza não deve ser considerada um tema de **pouco valor**; pelo contrário, é assunto de grande relevância e que precisa ser altamente difundido, pois se trata de um talento confiado pelo Senhor. No processo de mudança, a conscientização é primordial, uma vez que é necessário compreender que sua **zona de conforto** está na proporção direta à sua **zona financeira**.

A razão número um pela qual a maior parte das pessoas não consegue o que quer está diretamente relacionada ao fato de não saber o que quer. Você já deve ter ouvido a expressão "Se você não sabe aonde quer chegar, qualquer caminho serve". Esse ditado serve para as pessoas controladas pelo dinheiro. Tenha visão financeira bem definida, escreva em letras grandes para que você possa ler sempre.

"O equilíbrio financeiro depende diretamente da visão mais ou menos detalhada que você tem de suas receitas e despesas. Se não tiver equilíbrio nas duas pernas não conseguirá andar. Se não tiver equilíbrio nas receitas e despesas, não conseguirá sair do lugar financeiro em que se encontra, seja ele qual for." (DOMINGOS, p. 36, 2013)

"A falta de dinheiro é o efeito. Mas onde está a causa? Ela se resume ao seguinte: a única maneira de mudar o seu mundo 'exterior' é modificar o seu mundo 'interior'." T. Harv Eker ressalta que a causa primária do insucesso em nossas metas e objetivos é somente querer as coisas de maneira superficial. As mudanças devem começar internamente, com uma programação mental diferente, com foco fiel em resultados e ações para consegui-los, com metas e objetivos bem definidos.

Descobrir para onde está indo o seu dinheiro é um desafio diário que precisa ser considerado um ponto crucial no processo de administração do dinheiro. Por isso, meu caro leitor, se faz necessário adotar melhor atitude para sair das dívidas, aprender a poupar e fazer o dinheiro que está sob sua responsabilidade crescer. Enfim, é necessário moldar a maneira como enxergamos o dinheiro de acordo com os princípios da Bíblia. Para ter sucesso em qualquer campo da vida, o planejamento deve estar presente.

Quantas vezes já não ouvimos alguém dizer "sou pobre, mas sou um bom Cristão". Esse tipo de afirmação nos dá um entendimento de que todos os ricos estão no caminho do inferno apenas por serem bem-sucedidos financeiramente. Na verdade, esse tipo de pensamento mostra o quão distantes estamos de entender as maravilhas que Deus quer fazer em nossas vidas e que já faz na vida de muitos outros.

A partir deste momento, você começará a receber orientações de como é possível construir uma vida financeira sustentável e ainda ser um cristão fiel e vivendo os princípios de Cristo. Não podemos passar pelo que está registrado em Provérbios 10:4:

"As mãos preguiçosas empobrecem o homem, porém as mãos diligentes lhe trazem riqueza."

A Bíblia contém mais versículos sobre dinheiro do que sobre qualquer outro assunto. E nem mesmo assim alguns Cristãos procuram na palavra do Senhor uma resposta para uma aflição financeira. A busca pela educação financeira é algo nobre e necessário nos tempos atuais; tenha certeza de que será impactante o que você encontrará nas passagens bíblicas relacionadas ao tema.

Vejamos, a seguir, alguns versículos:

a) Na visão das pessoas que se consideram **pobres** – **Mateus 19:23-24**

NOVA TRADUÇÃO NA LINGUAGEM DE HOJE	ALMEIDA REVISTA E ATUALIZADA	ALMEIDA REVISTA E CORRIGIDA	TRADUÇÃO BRASILEIRA
Jesus então disse aos discípulos: Eu afirmo a vocês que isto é verdade: é muito difícil um rico entrar no Reino do Céus. E digo ainda que é mais difícil um rico entrar no Reino de Deus do que um camelo passar pelo fundo de uma agulha.	Então, disse Jesus a seus discípulos: Em verdade vos digo que um rico dificilmente entrará no Reino dos Céus. E ainda vos digo que é mais fácil passar um camelo pelo fundo de uma agulha do que entrar um rico no Reino de Deus.	Disse, então, Jesus aos seus discípulos: Em verdade vos digo que é difícil entrar um rico no Reino dos Céus. E outra vez vos digo que é mais fácil passar um camelo pelo fundo de uma agulha do que entrar um rico no Reino de Deus.	Jesus declarou a seus discípulos: Em verdade vos digo que um rico dificilmente entrará no Reino dos Céus. Também vos digo que mais fácil é passar um camelo pelo fundo de uma agulha do que entrar um rico no Reino de Deus.

b) Na visão das pessoas que se consideram na **classe média** – **Jó 36:11**

NOVA TRADUÇÃO NA LINGUAGEM DE HOJE	ALMEIDA REVISTA E ATUALIZADA	ALMEIDA REVISTA E CORRIGIDA	TRADUÇÃO BRASILEIRA
Se obedecem a Deus e o adoram, então têm paz e prosperidade até o fim da vida.	Se o ouvirem e o servirem, acabarão seus dias em felicidade e os seus anos em delícias.	Se o ouvirem e o servirem, acabarão seus dias em bem e os seus anos, em delícias.	Se o ouvirem e o servirem, passarão os seus dias em prosperidade e os seus anos, em prazeres.

c) Na visão das pessoas que se consideram **ricas** – **Provérbios 17:16**

NOVA TRADUÇÃO NA LINGUAGEM DE HOJE	ALMEIDA REVISTA E ATUALIZADA	ALMEIDA REVISTA E CORRIGIDA	TRADUÇÃO BRASILEIRA
Não adianta nada o tolo gastar dinheiro para conseguir a sabedoria porque ele não aprende nada mesmo.	De que serviria o dinheiro na mão do insensato para comprar a sabedoria, visto que não tem entendimento?	De que serviria o preço na mão do tolo para comprar a sabedoria, visto que não tem entendimento?	De que serve na mão do tolo o preço para comprar a sabedoria, visto que ele não tem entendimento?

Qual das versões (a, b ou c) tem mais apelo a você – versos para os ricos, para os pobres ou para a classe média? Há muitos benefícios na educação financeira e, ao fazê-la parte de sua vida, esse benefício só trará vantagens, e a principal delas é você se transformar em um investidor para o Reino de Deus.

Portanto, concentre-se na forma correta de planejar, registrar e agrupar as despesas e realizar a avaliação daquilo que foi planejado e executado. No século V a.C., Lao Tzu disse: "Se você der um peixe a um homem, você o alimenta por um dia. Se você ensinar um homem a pescar, você o alimenta por toda vida".

Infelizmente, em vez de ensinarmos as pessoas a pescar, estamos sendo ensinados e ensinando às nossas crianças a filosofia econômica de Robin Hood, ou seja, tirar dos ricos para dar aos pobres. Não estamos vivendo uma crise financeira, mas uma crise educacional. Ao longo da nossa vida, nada aprendemos sobre dinheiro e somos ensinados por pessoas que pouco sabem sobre ele. Na verdade, nós temos o poder para criar o nosso próprio céu ou inferno aqui na Terra. Precisamos de quatro diferentes tipos de educação para atravessar as dificuldades:

- ✔ EDUCAÇÃO ACADÊMICA
- ✔ EDUCAÇÃO PROFISSIONAL
- ✔ EDUCAÇÃO FINANCEIRA
- ✔ EDUCAÇÃO ESPIRITUAL

"Onde todos pensam igual, ninguém pensa muito"
Walter Lippmann

O que estou procurando mostrar neste livro é que você tenha uma visão diferente quanto às finanças. Quero que seja um cristão alfabetizado financeiramente, pronto para enfrentar com esperança os dias melhores que virão. Precisamos construir alicerces para que a nova geração de jovens seja educada e capacitada financeiramente, não enxergando o dinheiro como algo a ser rejeitado, banindo a ignorância e substituindo-a pelo conhecimento.

Quantas vezes ao longo da nossa vida ouvimos dizer que o dinheiro é a raiz de todos os males? Estudaremos, a partir de várias traduções, que a raiz de todos os males é o **amor ao dinheiro**, não o dinheiro em si.

NOVA TRADUÇÃO NA LINGUAGEM DE HOJE	ALMEIDA REVISTA E ATUALIZADA	ALMEIDA REVISTA E CORRIGIDA	TRADUÇÃO BRASILEIRA
Pois o amor ao dinheiro é uma fonte de todos os tipos de males. E algumas pessoas, por quererem tanto ter dinheiro, se desviaram da fé e encheram a sua vida de sofrimentos.	Porque o amor ao dinheiro é raiz de todos os males, e alguns, nessa cobiça, se desviaram da fé e a si mesmos se atormentaram com muitas dores.	Porque o amor ao dinheiro é a raiz de toda espécie de males, e nessa cobiça alguns se desviaram da fé e traspassaram a si mesmos com muitas dores.	Pois o amor ao dinheiro é raiz de todos os males, e alguns, cobiçando-o, se desviaram da fé e traspassaram a si mesmos com muitas dores.

Relembremos a fala citada anteriormente: "Sou pobre, mas sou um bom cristão". Essa afirmação faz parecer que todos os ricos estão fadados ao inferno apenas por serem ricos. Na verdade, ninguém deve passar a vida como mendigo se pode virar rei; portanto, tenha abundância na sua vida. Na economia de Deus há pobres, mas não miseráveis.

A pobreza e a falta de recurso são formas de sofrimento causadas pela cegueira humana quanto às oportunidades. Quando aprendermos a seguir os princípios de Deus, ficaremos mais próximos de Cristo. Ocorre um efeito cascata, problemas financeiros ocasionam uma série de outros problemas:

✔ Estresse;

✔ Divórcio;

✔ Depressão, ansiedade e insônia;

✔ Abuso e violência;

✔ Excesso de álcool e drogas.

Além de desencadearem:

✔ Sensação de opressão e imobilidade;

✔ Sentimento de falta de esperança, vergonha, isolamento e vulnerabilidade;

✔ Uma montanha-russa emocional que arrasa a capacidade de tomar decisões e lidar com situações diversas;

✔ Distração, raiva, irritabilidade, erros e acidentes.

Uma verdade que não podemos desconsiderar é que, se não me sinto seguro com minhas finanças, se não confio no poder de Deus, dificilmente serei FIEL ao nosso Criador.

A educação financeira ainda é um tema pouco discutido nos lares brasileiros. Normalmente, é um tabu e considerada um elemento de conflito pelo simples fato de não ser discutida da maneira correta, de forma ampla e aberta.

Os nossos adolescentes e crianças devem, desde cedo, ser ensinados sobre finanças, seja no ambiente doméstico, seja na igreja, seja na escola. Não há mais espaço para a falta de conhecimento, e a alfabetização financeira se tornou urgente.

Sim, até mesmo na escola. Pois é dentro da sala de aula que os alunos começam a ter os primeiros contatos com o dinheiro. E deve começar por lá também a criação de uma consciência a respeito do dinheiro que passa pelas mãos deles.

Não podemos ignorar a passagem bíblica que diz que o povo perece por falta de conhecimento **(OSEIAS 4:6)**:

NOVA TRADUÇÃO NA LINGUAGEM DE HOJE	ALMEIDA REVISTA E ATUALIZADA	ALMEIDA REVISTA E CORRIGIDA	TRADUÇÃO BRASILEIRA
O meu povo não quer saber de mim e, por isso, está sendo destruído. E vocês, sacerdotes, também não querem saber de mim e esqueceram as minhas leis; portanto, eu não os aceito mais como meus sacerdotes nem aceitarei os seus filhos como meus sacerdotes.	O meu povo está sendo destruído, porque lhe falta o conhecimento. Porque tu, sacerdote, rejeitaste o conhecimento, também eu te rejeitarei, para que não sejas sacerdote diante de mim; visto que te esqueceste da lei do teu Deus, também eu me esquecerei de teus filhos.	O meu povo foi destruído, porque lhe faltou o conhecimento; porque tu rejeitaste o conhecimento, também eu te rejeitarei, para que não sejas sacerdote diante de mim; visto que te esqueceste da lei do teu Deus, também eu me esquecerei de teus filhos.	Por falta de conhecimento, foi destruído o meu povo. Porque tu rejeitaste o conhecimento, também eu te rejeitarei a ti, para que não me sirvas de sacerdote; visto que tu te esqueceste da lei do teu Deus, também eu me esquecerei de teus filhos.

Em Mateus 14:16, observamos que, inclusive no deserto, é possível obter o suficiente para atender às nossas necessidades.

NOVA TRADUÇÃO NA LINGUAGEM DE HOJE	ALMEIDA REVISTA E ATUALIZADA	ALMEIDA REVISTA E CORRIGIDA	TRADUÇÃO BRASILEIRA
Ao saber o que havia acontecido, Jesus saiu dali num barco e foi sozinho para um lugar deserto. Mas as multidões souberam onde ele estava, vieram dos seus povoados e o seguiram por terra. Quando Jesus saiu do barco e viu aquela grande multidão, ficou com muita pena deles e curou os doentes que estavam ali. De tardinha, os discípulos chegaram perto de Jesus e disseram: Já é tarde, e este lugar é deserto. Mande essa gente embora a fim de irem aos povoados e comprarem alguma coisa para comer. Mas Jesus respondeu:	Jesus, ouvindo isso, retirou-se dali num barco, para um lugar deserto, à parte; sabendo-o, as multidões vieram das cidades, seguindo-o por terra. Desembarcando, viu Jesus uma grande multidão, compadeceu-se dela e curou os seus enfermos. Ao cair da tarde, vieram os discípulos a Jesus e lhe disseram: O lugar é deserto, e vai adiantada a hora; despede, então, as multidões para que, indo pelas aldeias, eles comprem para si o que comer. Jesus, porém, lhes disse: Não precisam retirar-se; dai-lhes, vós mesmos, de comer.	E Jesus, ouvindo isso, retirou-se dali num barco, para um lugar deserto, apartado; e, sabendo-o o povo, seguiu-o a pé desde as cidades. E Jesus, saindo, viu uma grande multidão e, possuído de íntima compaixão para com ela, curou os seus enfermos. E, sendo chegada a tarde, os seus discípulos aproximaram-se dele, dizendo: O lugar é deserto, e a hora é já avançada; despede a multidão para irem pelas aldeias e comprarem comida para si. Jesus, porém, lhes disse: Não é mister que vão; dai-lhes vós de comer. Então, eles lhe disseram: Não temos aqui senão cinco pães e dois peixes.	Jesus, ouvindo isso, retirou-se dali numa barca para um lugar deserto, à parte; quando as multidões o souberam, seguiram-no das cidades por terra. Ele, ao desembarcar, viu uma grande multidão, compadeceu-se dela e curou os seus enfermos. À tarde, aproximaram-se dele os discípulos, dizendo: Este lugar é deserto, e a hora é já passada; despede, então, as multidões, para que, indo às aldeias, eles comprem alguma coisa para comer.

Eles não precisam ir embora. Deem vocês mesmos comida a eles. Eles disseram: Só temos aqui cinco pães e dois peixes. — Pois tragam para mim! — disse Jesus. Então mandou o povo sentar-se na grama. Depois pegou os cinco pães e os dois peixes, olhou para o céu e deu graças a Deus. Partiu os pães e entregou-os aos discípulos, e estes distribuíram ao povo. Todos comeram e ficaram satisfeitos, e os discípulos ainda recolheram doze cestos cheios dos pedaços que sobraram. Os que comeram foram mais ou menos cinco mil homens, sem contar as mulheres e as crianças.	Mas eles responderam: Não temos aqui senão cinco pães e dois peixes. Então, ele disse: Trazei-mos. E, tendo mandado que a multidão se assentasse sobre a relva, tomando os cinco pães e os dois peixes, erguendo os olhos ao céu, os abençoou. Depois, tendo partido os pães, deu-os aos discípulos, e estes, às multidões. Todos comeram e se fartaram; e dos pedaços que sobejaram recolheram ainda doze cestos cheios. E os que comeram foram cerca de cinco mil homens, além de mulheres e crianças.	E ele disse: Trazei-mos aqui. Tendo mandado que a multidão se assentasse sobre a erva, tomou os cinco pães e os dois peixes e, erguendo os olhos ao céu, os abençoou; partindo os pães, deu-os aos discípulos, e os discípulos, à multidão. E comeram todos e saciaram-se, e levantaram dos pedaços que sobejaram doze cestos cheios. E os que comeram foram quase cinco mil homens, além das mulheres e crianças.	Mas Jesus lhes disse: Não precisam ir; dai-lhes vós de comer. Replicaram-lhe: Não temos aqui senão cinco pães e dois peixes. Disse-lhes ele: Trazei-mos cá. Tendo mandado que a multidão se assentasse sobre a relva, tomou os cinco pães e os dois peixes e, erguendo os olhos ao céu, deu graças; partindo os pães, entregou-os aos discípulos, e os discípulos entregaram-nos à multidão. Todos comeram e se fartaram; e do que sobejou levantaram doze cestos cheios de pedaços. Ora, os que comeram foram cerca de cinco mil homens, além de mulheres e crianças.

Todos os dias se dedique à oração e ao jejum, e você será um administrador vivendo dentro dos princípios do Reino de Deus. Uma oração bastante comum no Oriente Médio diz: "Deus aumentará minha substância e Deus abençoará o que tenho". Faça dessa frase uma constante no seu cotidiano.

Intencionalmente ou não, é a falta de educação financeira que leva milhões de pessoas à beira do precipício, vivendo com medo, com preocupação e na incerteza. Você já perguntou a si mesmo como Deus trabalha por meio de nossas finanças?

SIM	NÃO

Deus trabalha em todos os aspectos de nossas vidas, inclusive nas finanças. Ele as usará para nos ensinar a confiar n'Ele, a tornar-se confiável, a provar o Seu amor por nós, a nos guiar e a atender às necessidades de outros crentes e incrédulos.

Nas próximas páginas, você terá a oportunidade de conhecer mais sobre finanças. Você precisa entender que passará por um processo de mudança, pois a sua programação conduz aos seus pensamentos; os seus pensamentos conduzem aos seus sentimentos; os seus sentimentos conduzem às ações; as suas ações conduzem aos seus resultados. Logo, mudando a programação (ou seja, seus velhos hábitos), você dará o primeiro passo indispensável para modificar seus resultados. A nossa vida acontece em pelo menos quatro reinos distintos. Esses quatro quadrantes são os mundos físico, mental, emocional e espiritual. O que não percebemos é que o reino físico é apenas uma "impressão" (reflexo) dos outros três.

E sempre escolha priorizar Deus, pois, se erguemos os olhos, iremos experimentar a FIDELIDADE de Deus em nossa vida. Em vez de dizer "Não consigo", "Não sei como", "Não vejo saída", "Nunca serei capaz", declare humildemente a si mesmo que você é um vencedor.

Se o Senhor falou tanto sobre isso é porque deseja que conheçamos sua perspectiva a respeito de uma área crítica da vida. Ele importou-se com a questão do dinheiro porque dinheiro é importante.

INTRODUÇÃO

F – FIDELIDADE
para com Deus

I – IDENTIFICAÇÃO
nos seus propósitos

E – ENVOLVIMENTO
econômico

L – LIBERALIDADE
traz grandiosas bênçãos

É uma decisão pessoal e exclusiva. Diga a você mesmo que investirá tempo e todo o esforço necessário para obter melhor resultado. A escolha é sua.

F – FIDELIDADE para com Deus

O grande aspecto sobre as escrituras é que, quando Deus faz promessas, elas são colocadas em pedras. Deus fez quatro promessas no livro de Malaquias 3:10-12, as quais acontecerão quando você se tornar uma pessoa FIEL.

✔ Ele abrirá as janelas do céu e abençoará você até o ponto que seja demais para você receber.
✔ Ele vai repreender o devorador por você; isso significa que seus recursos não serão esgotados.
✔ Suas vinhas não deixarão de dar frutos. Seu trabalho, suas ideias e seus investimentos terão bons frutos e prosperarão.
✔ Você será chamado de abençoado. As pessoas reconhecerão a bênção de Deus em você.

As escrituras são apenas o bilhete para garantir que as bênçãos de Deus sejam disponibilizadas para você. Ignore essas promessas e você não poderá receber as bênçãos por meio da sua fidelidade.

A escritora norte-americana Ellen G. White, no livro *Conselhos sobre mordomia,* afirma que "O Senhor não precisa de nossas ofertas. Não podemos enriquecê-lo com as nossas dádivas.

Diz o salmista em I Crôn. 29:14: 'Tudo vem de Ti, e nós apenas Te demos o que vem das Tuas mãos'. No entanto, Deus nos permite demonstrar nossa apreciação de Suas misericórdias pelos esforços abnegados para passá-las aos outros. Somente dessa maneira será possível manifestar nossa gratidão e o nosso amor a Deus".

Ao reconhecer que Deus é a minha fonte, o dinheiro não controla mais a minha vida. Deus é a fonte da provisão e Ele supriu a alimentação a Elias (1 Reis 17) e cinco mil homens através de Jesus (João 6:1-15). Quando o Senhor me manda ofertar, eu não vejo a oferta como meu dinheiro, o qual eu trabalhei penosamente para obter, mas como um gerente de uma pequena porção dos recursos de Deus. Minha provisão pessoal já está segura em Seu amor. É necessário questionar a Deus o que Ele quer que seja feito com os recursos que são d'Ele. Faça a seguinte pergunta: Senhor, o que queres que eu faça com os Seus recursos que estou gerenciando aqui na Terra? Ele vai te responder.

I – IDENTIFICAÇÃO nos seus propósitos

A necessidade de IDENTIFICAÇÃO de uma meta aparece como inevitável. No livro *Conselhos sobre saúde*, Ellen G. White diz que "Uma vida sem objetivo é uma vida morta". Deus requer que tenhamos um espírito bondoso e desprendido; essa é a firmeza de Seu propósito. A identificação dos nossos propósitos são nossos sonhos, e sem eles morremos.

O fungo cresce em uma vida sem propósito. Uma das principais causas da ineficiência mental e da fraqueza moral é a falta de concentração para fins dignos.

O PhD em educação financeira Reinaldo Domingos define SONHO como o agente motivador que nos mostra o caminho e o verdadeiro sentido da VIDA. Com ele, nos sentimos empoderados para REALIZÁ-LO.

Já Peretti ressalta a importância de despertar a conscientização para o fato de que uma das leis básicas para a prosperidade é a definição de objetivos: "O êxito em qualquer coisa que empreendamos exige um objetivo definido. Aquele que desejar alcançar o verdadeiro êxito na vida deve conservar firmemente em vista o alvo digno de seus esforços".

Também se faz necessário ter uma meta, um objetivo na vida. Onde não há um objetivo, há uma tendência à indolência. Porém, onde há uma meta suficientemente importante em vista, todas as faculdades mentais se colocam em atividade.

"O verdadeiro sucesso em cada setor da vida não é fruto do acaso. É a operação da providência de Deus, a recompensa da fé e a prudência da virtude e da perseverança. Superiores qualidades mentais e elevado caráter moral não se adquirem por casualidade. Deus dá oportunidades e o êxito depende do uso que delas o fizer" (profetas e reis).

"Deveis também ter um alvo, um propósito na vida. Não havendo propósito, vem a disposição à indolência; mas, havendo em vista um objetivo suficientemente importante, todas as faculdades da mente entrarão em espontânea atividade. Para fazer da vida um êxito, os pensamentos têm de fixar-se firmemente no objetivo da vida, não os deixando vagar e ficar ocupados com coisas de pouca importância." Testimonies, vol. 2, pág. 429.

E – ENVOLVIMENTO econômico

Eu creio que o envolvimento econômico é a melhor coisa que você pode fazer para obter controle total sobre seu dinheiro e sair das dívidas. É algo que, se houver um real comprometimento, qualquer um pode fazer.

O envolvimento econômico é o pilar mais forte da **educação financeira cristã**, baseado no Princípio FIEL, que cria novos hábitos em relação ao dinheiro que você e sua família usam. Um plano de gastos mensais é um hábito financeiro fantástico porque evita gastar mais do que ganha. A falta de um plano é o problema financeiro número um, fazendo com que as pessoas paguem mais do que recebem e, assim, não consigam avançar financeiramente, ficando totalmente no vermelho.

O envolvimento econômico permite entender por onde o dinheiro está indo. Por isso, é muito importante ter o controle sobre os recursos que recebemos. Ao implantar o envolvimento econômico no grupo familiar, você conseguirá se comunicar melhor sobre as finanças e, em um curto espaço de tempo, os conflitos em virtude das dificuldades financeiras irão sumir (se ainda não por completo, será pelo menos criada uma atmosfera sustentável no seio familiar).

"Muitos (muitíssimos) não se educaram de modo a poderem conservar seus gastos dentro do limite de suas entradas. Não aprendem a se adaptar às circunstâncias e vez após vez tomam emprestado, ficando sobrecarregados de dívidas e, consequentemente, desanimados" (*Conselhos sobre mordomia*).

"Alguns não se têm erguido e unido no plano da doação sistemática, desculpando-se de não estarem livres de dívidas. Alegam que primeiro a ninguém devem ficar devendo coisa alguma. (Rom. 13:8.) Mas o fato de terem dívidas não os escusa. Vi que devem dar a César o que é de César, e a Deus o que é de Deus. Alguns são conscienciosos quanto a não dever coisa alguma a ninguém e pensam que Deus nada pode exigir deles enquanto todas as suas dívidas não estiverem pagas. Aí é que eles se enganam. Deixam de dar a Deus o que Lhe pertence."

L – LIBERALIDADE traz grandiosas bênçãos

"Quem dá aos pobres não passará necessidade, mas quem faz de conta que os pobres não existem será muito amaldiçoado." Provérbios 28:27 (NTLH). A prática da liberalidade (dar) é essencial para se tornar um crente próspero, sendo intimamente relacionada com a espiritualidade. Quando você aprende a se tornar um doador, bênçãos serão derramadas na vida daqueles que são abnegados, tirando toda a natureza egoísta e a centralização no "eu".

Quando você promove a liberalidade dos seus recursos, isso ajuda você a se tornar uma pessoa melhor em todas as dimensões da sua vida (material, física, mental e espiritual). Se você tem um pouco de dinheiro ou muito, à medida que você desenvolve o hábito de dar, perceberá que haverá um fortalecimento espiritual e não necessitará ser estimulado por processos e teorias falsas.

A Bíblia diz que, quando você se torna um doador (exercita a liberalidade), Deus irá abençoá-lo e multiplicá-lo de forma abundante. E quando você dá com a atitude correta, Ele assegura que irá lhe fornecer ainda mais para que você possa dar cada vez mais e melhor.

Existem duas condições a serem cumpridas para que Deus possa derramar as Suas bênçãos sobre as contribuições:

* **VOCÊ TEM DE DAR GENEROSAMENTE:** Provérbios 11:25: "Quem é generoso progride na vida; quem ajuda será ajudado". (NTLH)

* **VOCÊ TEM DE DAR COM ALEGRIA:** 2 Coríntios 9:6-7: "Lembrem-se: quem planta pouco colhe pouco; quem planta muito colhe muito. Que cada um dê a sua oferta conforme resolveu no seu coração, não com tristeza nem por obrigação, pois Deus ama quem dá com alegria". (NTLH)

Então, prepare-se para alguns versos que reforçam o ensinamento anterior e que o ajudarão a atingir seus objetivos nas quatro dimensões (material, física, mental e espiritual).

Provérbios 19:17: "Ser bondoso com os pobres é emprestar ao Senhor, e Ele nos devolve o bem que fazemos". (NTLH)

Deuteronômio 15:10-11: "Não dê com tristeza no coração, mas seja generoso com ele; assim, o Senhor, nosso Deus, abençoará tudo o que você planejar e tudo o que fizer. Sempre haverá pobres e necessitados no meio do povo e, por isso, eu ordeno que vocês sejam generosos com todos eles". (NTLH)

Salmo 41:1-2: "Felizes são aqueles que ajudam os pobres, pois o Senhor Deus os ajudará quando estiverem em dificuldades! O Senhor os protegerá, guardará a vida deles e lhes dará felicidade na Terra Prometida. Ele não os abandonará nas garras dos inimigos". (NTLH)

O Senhor tem poder para aumentar a renda e suprir todas as necessidades daqueles que distribuem ou que dão com LIBERALIDADE. Ele pode aumentar a sua receita (salários, ganhos, rendimentos), reduzir as suas despesas, mudar as leis de impostos, arranjar doações, conceder favores, deferir responsabilidades, estender a vida dos seus ativos, preservar a saúde e a energia, abrir portas de oportunidades, multiplicar esforços, criar novos negócios, dar sabedoria, atrair clientes e muitas outras coisas maravilhosas.

Ellen G. White escreveu: "A viúva de Sarepta repartiu seu bocado com Elias e, em retribuição, sua vida e a de seu filho foram preservadas. E a todos os que, em tempo de prova e de carência, dão simpatia e assistência a outros mais necessitados, Deus prometeu grande bênção. Ele não mudou. Seu poder não é menor agora do que no tempo de Elias".

"O espírito de liberalidade é o espírito do Céu. O espírito egoísta é o espírito de Satanás." "A verdadeira felicidade encontra-se somente em ser bom e fazer o bem." "Os que dão demonstração prática de beneficência por seus atos de simpatia e de compaixão para com os pobres, os sofredores e desafortunados, não só aliviam os sofredores, mas também contribuem grandemente para a sua própria felicidade, e estão no caminho que assegura saúde da alma e do corpo. Isaías descreveu (...) claramente a obra que Deus aceitará e pela qual abençoará o Seu povo." "O prazer de fazer o bem aos outros confere aos sentimentos calor que atravessa os nervos, aviva a circulação do sangue e promove a saúde mental e a física." "Abnegada liberalidade levou a primeira igreja a uma explosão de alegria, pois os crentes sabiam que seus esforços estavam ajudando a levar o evangelho aos que jaziam em trevas."

O Princípio FIEL, como já vimos, é um instrumento a ser utilizado na vida cristã, mas antes de iniciar a jornada dos 10 dias com Deus, quero lhe apresentar o CICLO DA SUSTENTABILIDADE FINANCEIRA baseado na **Metodologia DSOP**, desenvolvida pelo PhD Reinaldo Domingos. O **Princípio FIEL** e a **Metodologia DSOP** caminharão juntos para que você possa compreender a importância da conscientização, motivação, equilíbrio e perseverança.

De acordo com o PhD em educação financeira Reinaldo Domingos, "a educação financeira é uma ciência humana que busca a autonomia financeira, fundamentada por uma metodologia baseada no comportamento, objetivando a construção de um modelo mental que comprove a sustentabilidade, crie hábitos saudáveis e proporcione o equilíbrio entre o SER, o FAZER e o TER, com escolhas conscientes para realização de sonhos".

Criador da metodologia que revoluciona vidas, a **Metodologia DSOP**, Reinaldo Domingos a vivenciou ao longo da sua vida, comprovando-a, inclusive, academicamente. O primeiro passo da **Metodologia DSOP** é o pilar do **DIAGNOSTICAR**. Você precisa compreender a sua situação financeira, pois trata-se de um processo de conscientização, também chamado da descoberta do seu "EU" financeiro. É no diagnóstico que você vai tirar uma radiografia precisa de todas as suas despesas – por um período de trinta dias corridos para aqueles que têm ganhos fixos e noventa dias para aqueles que têm ganhos variáveis.

O pilar **SONHAR** é o segundo passo. De acordo com a proposta, é recomendável que você escolha três tipos de sonhos para realizar: curto prazo (até 1 ano), médio prazo (até 10 anos) e longo prazo (acima de 10 anos). O sonho vem antes do recurso, antes do dinheiro. De acordo com esse pilar, ter dinheiro só faz sentido se for para realizar sonhos.

Com o terceiro pilar, o **ORÇAR**, você passará a gastar menos na ânsia de transferir valores cada vez maiores para "os sonhos". Portanto, trata-se de um jeito diferente de administrar os seus rendimentos mensais, colocando os seus sonhos em primeiro lugar. Por fim, o pilar **POUPAR** é o ato de reter e guardar dinheiro.

Esse é o CICLO DA SUSTENTABILIDADE FINANCEIRA da **Metodologia DSOP**. Todo o detalhamento está presente no *long-seller Terapia financeira*, de Reinaldo Domingos.

DEZ DIAS COM DEUS

PRIMEIRO DIA

"O Senhor é rico em recursos. Ele é dono do mundo. Olha para Ele, que tem luz, poder e eficiência. Ele abençoará a todos os que procurem comunicar luz e amor" (Testimonies, vol. 7).

DEUS É O DONO DE TUDO

Gênesis: 14:19

NOVA TRADUÇÃO NA LINGUAGEM DE HOJE	ALMEIDA REVISTA E ATUALIZADA	ALMEIDA REVISTA E CORRIGIDA	TRADUÇÃO BRASILEIRA
Mas Abrão respondeu: Eu levanto a mão diante do SENHOR, o Deus Altíssimo, criador do céu e da terra.	Mas Abrão lhe respondeu: Levanto a mão ao SENHOR, o Deus Altíssimo, o que possui os céus e a terra.	Abrão, porém, disse ao rei de Sodoma: Levantei minha mão ao SENHOR, o Deus Altíssimo, o Possuidor dos céus e da terra.	Abrão, porém, disse ao rei de Sodoma: Levantei minha mão ao SENHOR, o Deus Altíssimo, o Possuidor dos céus e da terra.

Pensadores Cristãos:

"Todos nós desejamos o progresso, mas, se você está na estrada errada, progresso significa fazer o retorno e voltar para a estrada certa." (C.S. Lewis)

Lembrete:

✓ Após duas semanas, tendemos a nos lembrar apenas de **10%** daquilo que **lemos**.

✓ Após duas semanas, tendemos a nos lembrar de cerca de **20%** daquilo que nós **ouvimos**.

✓ Após esse mesmo período, tendemos a nos lembrar de **50%** do que escutamos ou **vimos** com nossos próprios olhos.

✓ Como nossas palavras têm um poder incrível, após duas semanas, tendemos a nos lembrar de **70%** daquilo que **dizemos**.

✓ E, concluindo, após duas semanas, tendemos a nos lembrar de **90%** daquilo dizemos e **fazemos**.

Por isso, coloque sempre a mão na massa. Cumpra fielmente a tarefa apresentada! Minha decisão hoje: "Quero que Cristo me ensine como devo possuir e usar o dinheiro".

EXERCÍCIO 02:

TESTE: QUAL É A SUA SITUAÇÃO FINANCEIRA ATUAL?

1. Como você avalia sua renda?

a) ( ) Excelente
b) ( ) Muito boa
c) ( ) Boa
d) ( ) Satisfatória
e) ( ) Suficiente
f) ( ) Ruim
g) ( ) Muito ruim

2. Como você classifica o seu patrimônio líquido?

a) ( ) Excelente
b) ( ) Muito bom
c) ( ) Bom
d) ( ) Satisfatório
e) ( ) Suficiente
f) ( ) Ruim
g) ( ) Muito ruim

3. Como você avalia seus investimentos?

a) ( ) Excelentes
b) ( ) Muito bons
c) ( ) Bons
d) ( ) Satisfatórios
e) ( ) Suficientes
f) ( ) Ruins
g) ( ) Muito ruins

4. Como você avalia o seu conhecimento sobre dinheiro e capital?

a) ( ) Excelente
b) ( ) Muito bom
c) ( ) Bom
d) ( ) Satisfatório
e) ( ) Suficiente
f) ( ) Ruim
g) ( ) Muito ruim

5. Você tem planos financeiros precisos, isto é, sabe exatamente o que quer, quanto custa e como conseguirá o dinheiro para isso?

a) ( ) Sim
b) ( ) Não

6. Você tem um *coach* para assuntos financeiros?

a) ( ) Sim
b) ( ) Não

7. A maioria das pessoas que você conhece:

a) ( ) É mais rica do que você
b) ( ) Está em uma situação financeira semelhante à sua
c) ( ) É menos rica do que você

8. Você poupa, pelos menos, de 10% a 20% da sua renda mensal?

a) ( ) Sim
b) ( ) Não
c) ( ) Às vezes

9. Você doa dinheiro para caridade com frequência?

a) ( ) Sim

b) ( ) Não

10. Você acredita que merece ter muito dinheiro?

a) ( ) Sim

b) ( ) Não

c) ( ) Nunca pensei a respeito

11. Durante quanto tempo você poderia viver com o dinheiro que tem hoje se nunca mais ganhasse um centavo sequer?

( ) _____ meses ( ) _____ anos

12. Você poderia prever o dia em que poderá viver dos rendimentos das suas aplicações?

a) ( ) Sim

b) ( ) Não

13. Você ficaria satisfeito se os próximos cinco anos transcorressem da mesma forma que os últimos cinco anos?

a) ( ) Sim

b) ( ) Não

14. Você sabe de que forma realmente enxerga o dinheiro?

a) ( ) Sim

b) ( ) Não

c) ( ) Mais ou menos

15. Como você descreve a sua situação financeira atual?

____

____

____

16. Se você fosse escolher um apelido que melhor o descrevesse financeiramente, qual seria? (Exemplos: "tio patinhas", novato, fracassado, o tipo azarado, "ímã" de dinheiro, empreendedor etc.)

____

____

____

17. O dinheiro:

a) ( ) É um recurso que serve de apoio para a maneira como você vive a sua vida

b) ( ) Determina a maneira como você vive a sua vida

18. Como você avalia o seu conhecimento sobre fundos de investimentos?

a) ( ) Excelente

b) ( ) Muito bom

c) ( ) Bom

d) ( ) Satisfatório

e) ( ) Suficiente

f) ( ) Ruim

g) ( ) Muito ruim

19. Como você classifica o seu conhecimento sobre ações?

a) ( ) Excelente

b) ( ) Muito bom

c) ( ) Bom

d) ( ) Satisfatório

e) ( ) Suficiente

f) ( ) Ruim

g) ( ) Muito ruim

20. Você conhece os critérios básicos para investir e os aplica?

a) ( ) Sim

b) ( ) Não

21. O dinheiro é algo importante para você?

a) ( ) Sim

b) ( ) Não

22. Qual é a sua atitude quanto ao dinheiro, aos números e às finanças?

___

___

___

___

___

___

___

___

___

___

23. No geral, após ter respondido a essas questões, como descreve a sua situação financeira atual?

a) ( ) Excelente
b) ( ) Muito boa
c) ( ) Boa
d) ( ) Satisfatória
e) ( ) Suficiente
f) ( ) Ruim
g) ( ) Muito ruim

24. Como você está se sentindo agora?

____

____

____

____

____

____

____

Caso não tenha entendido ou respondido a algumas questões anteriores, não se preocupe! Nas próximas páginas, abordaremos um pouco mais sobre diversos conceitos que serão importantes para a sua vida. Vamos com calma e tenha certeza de que tudo dará certo. Após a leitura e prática, você sairá totalmente transformado pelo poder de Deus.

Faça uma oração de agradecimento a Deus por tudo o que Ele tem feito por você!

Cante o hino 384 do hinário adventista:

JESUS ME GUIA

Jesus me guia, que prazer!
Que paz me vem ao coração!
Em todo transe em que estiver
Me guia sempre a sua mão

Jesus me guia, que prazer!
É sua mão que me conduz
Em cada passo me é mister
Que me dirija meu Jesus

Às vezes, quando em aflição,
Em meio de perigo e dor,
Por água mansa ou bravo mar
Me guia a mão do meu senhor
Ajuda-me a não murmurar

Qualquer que seja a condição
Contente vou, pois guiarás
Com tua mui bondosa mão

SEGUNDO DIA

"Ele controla tudo o que acontece na Terra. Ele derruba os reis de seus tronos e coloca outros em seu lugar. É Ele quem dá sabedoria aos sábios e a inteligência aos que estudam" (Daniel 2:21).

DEUS CONTROLA TUDO

Salmos: 135-6

NOVA TRADUÇÃO NA LINGUAGEM DE HOJE	ALMEIDA REVISTA E ATUALIZADA	ALMEIDA REVISTA E CORRIGIDA	TRADUÇÃO BRASILEIRA
O SENHOR faz o que quer, tanto no céu como na terra, tanto nos mares como nos oceanos profundos.	Tudo quanto aprouve ao SENHOR, ele o fez nos céus e na terra, no mar e em todos os abismos.	Tudo o que o SENHOR quis, ele o fez, nos céus e na terra, nos mares e em todos os abismos.	Jeová fez tudo quanto quis no céu e na terra, no mar e em todos os abismos.

Pensadores Cristãos:

"A vida daqueles que procuram bens antes de Deus é um caminho sem fim, um labirinto sem esperança." (Bernardo de Claraval)

EXERCÍCIO 03:

O autoconhecimento é importante. O que você faz com as bênçãos que recebe de Deus? Quais são os seus planos para os próximos anos? Reflita nesse momento sobre sua essência econômica. Defina seus sonhos para os próximos anos:

IDENTIFIQUE OS SEUS SONHOS DE CURTO PRAZO (até 01 ano):

____

____

____

____

____

____

____

IDENTIFIQUE OS SEUS SONHOS DE MÉDIO PRAZO (até 10 anos):

____

____

____

____

____

____

____

____

IDENTIFIQUE OS SEUS SONHOS DE LONGO PRAZO (acima de 10 anos):

____

____

____

____

____

A partir do terceiro dia, você começará a colocar em prática a realização dos propósitos identificados por meio do gerenciamento de suas ENTRADAS e SAÍDAS.

Faça uma oração de agradecimento a Deus por tudo o que Ele tem feito por você!

Apresente louvor a Deus, cante o hino 437 do hinário adventista:

VITÓRIA EM CRISTO

Ouvi da bela história
Que Jesus desceu da glória
E no gólgota enfim morreu
Por quantos como eu
Ouvi dos seus gemidos,
De seus sangue e dos remidos
E, ao fim, contrito me prostrei,
Vitória nele achei
Vitória em Cristo,
Eterna vitória!

Buscou-me, salvou-me,
Na cruz por mim morreu

Que paz e alegria!
Raiou um novo dia!
Vitória Jesus me deu,
No sangue que verteu!

Ouvi que ele cura,
Sim, a todo que o procura
Que o coxo fez andar, então,
E ao cego deu visão

Orei, clamei: "meu mestre,
Vem restaurar minha vida"
E logo cristo me atendeu,
E a mim vitória deu

Ouvi falar da glória
Que virá após vitória,
Para os redimidos por Jesus,
Na resplendente luz
De anjos lá cantando,
E mansões já me aguardando
Será glorioso ali chegar,
E então poder cantar

TERCEIRO DIA

"É o amor ao dinheiro que a Palavra de Deus denuncia como sendo a raiz de todos os males. O dinheiro, em si, é o dom de Deus aos homens e é para ser usado com fidelidade em Seu serviço. Deus abençoou Abraão e o tornou rico em gado, prata e ouro. E a Bíblia declara, como evidência do favor divino, que Deus deu a Davi, Salomão, Josafá e Ezequias muita riqueza e honras" (*Conselhos sobre mordomia*).

DEUS PROVÊ

1 Crônicas 29:14

NOVA TRADUÇÃO NA LINGUAGEM DE HOJE	ALMEIDA REVISTA E ATUALIZADA	ALMEIDA REVISTA E CORRIGIDA	TRADUÇÃO BRASILEIRA
No entanto, o meu povo e eu não podemos, de fato, te dar nada, pois tudo vem de ti, e nós somente devolvemos o que já era teu.	Porque quem sou eu e quem é o meu povo para que pudéssemos dar voluntariamente estas coisas? Porque tudo vem de Ti, e das Tuas mãos Te damos.	Porque quem sou eu e quem é o meu povo para que tivéssemos poder para tão voluntariamente dar semelhantes coisas? Porque tudo vem de ti, e da tua mão Te damos.	Mas quem sou eu e quem é o meu povo para que assim pudéssemos fazer ofertas tão voluntariamente? Porque tudo vem de ti, e do que é teu Te damos.

Pensadores Cristãos:

"A nossa incredulidade é a única coisa que impede Deus de nos satisfazer larga e abundantemente com todas as coisas boas." (Calvino)

EXERCÍCIO 04:

Faça um levantamento dos seus rendimentos, considere o valor líquido da sua renda, depois dos descontos dos impostos, do vale-transporte, do vale-refeição, da assistência médica, entre tantos outros.

Neste exercício, começaremos a exercitar importantes conceitos:

O primeiro é o que chamamos a PARTE DE DEUS. Deus não criou as pessoas para carregarem as responsabilidades que somente Ele é capaz. Não falhe em reconhecer a PARTE DE DEUS.

O segundo é a NOSSA PARTE, a palavra que melhor significa a nossa parte é ser mordomo, no sentido geral, a palavra "mordomia" tem o significado de "administração da casa". O mordomo é o administrador dos bens de um senhor, de um dono, de um proprietário rico, que tem muitos bens, entregando-os a uma pessoa de sua confiança, um despenseiro. Deus nos tem dado a autoridade de sermos mordomos.

LEMBRE-SE: 100% É DE DEUS, TUDO PERTENCE A DEUS.

	RENDIMENTO MENSAL	VALOR (R$)
A	Rendimento bruto (salários, comissões, bônus)	
B	Descontos diversos (INSS, IRRF, outros)	
Rendimento líquido C = (A-B)		
PARTE DE DEUS (DÍZIMOS + OFERTAS)		
DÍZIMOS (10%) SOBRE O RENDIMENTO BRUTO		
PACTO (%) SOBRE O RENDIMENTO BRUTO		
NOSSA PARTE = RENDIMENTO LÍQUIDO (-) PARTE DE DEUS		
RENDIMENTO ANUAL		**VALOR (R$)**
A	Rendimento bruto (salários, comissões, bônus)	
B	Outras receitas (13º, férias, outras)	
C	Descontos diversos (INSS, IRRF, outros)	
Rendimento líquido D = (A+B-C)		
PARTE DE DEUS		
DÍZIMOS		
PACTO		
NOSSA PARTE = RENDIMENTO LÍQUIDO (-) PARTE DE DEUS		

Faça uma oração de agradecimento a Deus por tudo o que Ele tem feito por você!

Apresente louvor a Deus, cante o hino 35 do hinário adventista:

TU ÉS FIEL, SENHOR

Tu és fiel, Senhor, ó Deus eterno!
Teus filhos sabem que não falharás!
Nunca mudaste, Tu nunca falhaste
Tal como eras, sim, sempre serás

Tu és fiel, Senhor! Tu és fiel, Senhor!
Dia após dia Tuas bênçãos nos dás
Tua mercê nos sustenta e nos guarda;
Sim, para sempre, ó Deus, fiel serás

Nuvens no azul do céu, Sol refulgente,
Montes e vales, campinas em flor,
Tudo criaste na terra e nos ares,
E todos louvam-Te, fiel Senhor

Pleno perdão nos dás, que segurança!
Sempre nos guias na senda do bem;
E no porvir, oh! Que doce esperança!
Tu nos receberás no lar de além

QUARTO DIA

"Mesmo entre os adventistas do sétimo dia, há aqueles que estão sob a reprovação da Palavra de Deus devido à maneira como adquiriram sua propriedade e a usam, agindo como se fossem seus donos e a houvessem criado, sem olhar à glória de Deus e sem uma oração fervorosa para dirigi-los em sua aquisição ou uso. Estão pegando em uma serpente, que os picará como uma víbora" ***(Conselhos sobre mordomia).***

DEUS DÁ RIQUEZAS E BENS MATERIAIS

1 Crônicas 29:12

NOVA TRADUÇÃO NA LINGUAGEM DE HOJE	ALMEIDA REVISTA E ATUALIZADA	ALMEIDA REVISTA E CORRIGIDA	TRADUÇÃO BRASILEIRA
Toda a riqueza e prosperidade vem de Ti; Tu governas todas as coisas com o Teu poder e a Tua força e podes tornar grande e forte qualquer pessoa.	Riquezas e glória vêm de Ti; Tu dominas sobre tudo; na Tua mão há força e poder; Contigo está o engrandecer e o dar força a tudo.	E riquezas e glória vêm de diante de Ti, e Tu dominas sobre tudo, e na Tua mão *há* força e poder, e na Tua mão *está* o engrandecer e dar força a tudo.	Tanto riquezas como honra vêm de Ti, e Tu dominas sobre tudo; na Tua mão está força e poder; e na Tua mão está o engrandecer e o dar forças a todos.

Pensadores Cristãos:

"A verdadeira medida de nossa riqueza está em quanto valeríamos se perdêssemos todo o nosso dinheiro." (J. H. Jowett)

Da nossa parte, poupe sempre antes de qualquer outro destino do valor que você tem.

Gerenciamento do dinheiro:

SISTEMA DE GESTÃO DE DINHEIRO	
10%	LIBERDADE FINANCEIRA
10%	POUPANÇA (DESPESA DE LONGO PRAZO)
10%	EDUCAÇÃO
55%	NECESSIDADE
10%	LAZER
5%	DOAÇÃO

O dinheiro pode ser guardado em potes, em bancos ou em contas de investimentos. Veja o modelo a seguir:

NOSSA PARTE		R$ 1.000,00
SISTEMA DE GESTÃO DE DINHEIRO		DISTRIBUIÇÃO
10%	LIBERDADE FINANCEIRA	R$ 100,00
10%	POUPANÇA (DESPESA DE LONGO PRAZO)	R$ 100,00
10%	EDUCAÇÃO	R$ 100,00
55%	NECESSIDADE	R$ 550,00
10%	LAZER	R$ 100,00
5%	DOAÇÃO	R$ 50,00

EXERCÍCIO 05:

Faça o seu:

NOSSA PARTE		R$
SISTEMA DE GESTÃO DE DINHEIRO		DISTRIBUIÇÃO
10%	LIBERDADE FINANCEIRA	R$
10%	POUPANÇA (DESPESA DE LONGO PRAZO)	R$
10%	EDUCAÇÃO	R$
55%	NECESSIDADE	R$
10%	LAZER	R$
5%	DOAÇÃO	R$

Faça uma oração de agradecimento a Deus por tudo o que Ele tem feito por você! Apresente louvor a Deus e cante o hino 91 do hinário adventista:

JESUS É MELHOR

Jesus é melhor, sim, que ouro e bens
Jesus é melhor do que tudo que tens;
Melhor que riquezas e posições;
Melhor muito mais do que milhões

Pode ser um rei com poder nas mãos,
Mas do mal escravo, sim
Mil vezes prefiro o meu Jesus
E servi-lo até o fim

Jesus é melhor que qualquer valor;
Amigo leal, no prazer e na dor;
Melhor do que tudo, Ele é pra mim,
Melhor que qualquer amigo, enfim

Jesus é mais puro que a linda flor;
Jesus é o Sol da Justiça e do amor;
Jesus é a fonte que satisfaz,
Caminho do bem, verdade e paz

QUINTO DIA

"Muitos (muitíssimos) não se educaram de modo a poderem conservar seus gastos dentro do limite de suas entradas. Não aprendem a se adaptar às circunstâncias e, vez após vez, tomam emprestados, ficando sobrecarregados de dívidas e, consequentemente, desanimados" (*Conselhos sobre mordomia*).

O SENHOR DEU AUTORIDADE ÀS PESSOAS SOBRE A TERRA

Gênesis 1:28

NOVA TRADUÇÃO NA LINGUAGEM DE HOJE	ALMEIDA REVISTA E ATUALIZADA	ALMEIDA REVISTA E CORRIGIDA	TRADUÇÃO BRASILEIRA
... e os abençoou, dizendo: Tenham muitos e muitos filhos; espalhem-se por toda a terra e a dominem. E tenham poder sobre os peixes do mar, sobre as aves que voam no ar e sobre os animais que se arrastam pelo chão.	E Deus os abençoou e lhes disse: Sede fecundos, multiplicai-vos, enchei a terra e sujeitai-a; dominai sobre os peixes do mar, sobre as aves dos céus e sobre todo animal que rasteja pela terra.	E Deus os abençoou e Deus lhes disse: Frutificai, e multiplicai-vos, e enchei a terra, e sujeitai-a; e dominai sobre os peixes do mar, e sobre as aves dos céus, e sobre todo animal que se move sobre a terra.	Deus os abençoou e lhes disse: Frutificai, multiplicai-vos, enchei a terra e sujeitai-a; dominai sobre os peixes do mar, sobre as aves do céu e sobre todos os animais que se arrastam sobre a terra.

Pensadores Cristãos:

"Se você está procurando uma grande oportunidade, descubra um grande problema." (Martinho Lutero)

EXERCÍCIO 06:

Gerenciamento de dinheiro em casal.

EXEMPLO DE GERENCIAMENTO DO DINHEIRO EM CASAL			
	Ele - Seu nome		Ela - Seu nome
NOSSA PARTE	R$ 1.000,00		R$ 1.000,00
TOTAL		**R$ 2.000,00**	
CADA UM RETIRA - 10%	R$ 200,00		R$ 200,00
DISTRIBUIR 25% DA SUA RETIRADA PESSOAL PARA CADA ITEM A SEGUIR (GERENCIAMENTO PESSOAL)			
LIBERDADE FINANCEIRA	R$ 50,00		R$ 50,00
POUPANÇA DE LONGO PRAZO	R$ 50,00		R$ 50,00
EDUCAÇÃO	R$ 50,00		R$ 50,00
DIVERSÃO	R$ 50,00		R$ 50,00
SALDO CONJUNTO		R$ 1.600,00	
DIVIDA O SALDO NAS CONTAS:			
LIBERDADE FINANCEIRA	10%	R$ 160,00	
POUPANÇA (DESPESA DE LONGO PRAZO)	10%	R$ 160,00	
EDUCAÇÃO	10%	R$ 160,00	
NECESSIDADE	55%	R$ 880,00	
LAZER	10%	R$ 160,00	
DOAÇÃO	5%	R$ 80,00	

FAZENDO O SEU			
SEUS NOMES	ELE		ELA
NOSSA PARTE	R$		R$
TOTAL		**R$**	
CADA UM RETIRA - 10%	R$		R$
DISTRIBUIR 25% DA SUA RETIRADA PESSOAL PARA CADA ITEM A SEGUIR (GERENCIAMENTO PESSOAL)			
LIBERDADE FINANCEIRA	R$		R$
POUPANÇA (DESPESA DE LONGO PRAZO)	R$		R$
EDUCAÇÃO	R$		R$
DIVERSÃO	R$		R$
SALDO CONJUNTO		R$	
DIVIDA O SALDO NAS CONTAS:			
LIBERDADE FINANCEIRA	10%	R$	
POUPANÇA (DESPESA DE LONGO PRAZO)	10%	R$	
EDUCAÇÃO	10%	R$	
NECESSIDADE	55%	R$	
LAZER	10%	R$	
DOAÇÃO	5%	R$	

Eclesiastes 4:9

NOVA TRADUÇÃO NA LINGUAGEM DE HOJE	ALMEIDA REVISTA E ATUALIZADA	ALMEIDA REVISTA E CORRIGIDA	TRADUÇÃO BRASILEIRA
É melhor haver dois do que um, porque duas pessoas trabalhando juntas podem ganhar muito mais.	Melhor é serem dois do que um, porque têm melhor paga do seu trabalho.	Melhor é serem dois do que um, porque têm melhor paga do seu trabalho.	Melhor são dois do que um, porque têm boa recompensa pelo seu trabalho.

Dinâmica: o problema

"ALLEN e JEAN HITCHCOCK decidiram se separar após vinte e quatro anos de casamento. Antecipando os acertos do processo de divórcio, Allen começou a dar uma olhada nos arquivos financeiros da família. Em uma das pastas, encontrou canhotos desbotados de talões de cheque antigos; um cheque tinha sido feito para o hotel onde ele e Jean haviam passado a lua de mel; um outro era do pagamento da prestação do primeiro carro deles.

Pegou mais um e lembrou-se, com orgulho paternal, do momento em que o havia preenchido, no hospital em que a filha nascera. E, então, o do pagamento antecipado na compra da primeira casa deles...

Depois de várias horas mexendo nos talões de cheque, Allen percebeu o quanto ele e sua esposa tinham investido no casamento. Parou e ficou pensando profundamente durante alguns minutos. Então, fechou a pasta e discou para a mulher. Depois de trocar algumas palavras sem graça, deixou escapar a razão de seu telefonema: será que ela aceitaria que juntos trabalhassem para reconstruir o casamento?

Embora uma crise familiar como a de Allen e Jean possa estar bem distante de alguns de nós, os canhotos dos cheques dessa família 'contam' uma história que pode ser bem parecida com a sua. Os canhotos de nossos cheques revelam mais sobre nossas prioridades do que qualquer outra coisa.

É por isso que Jesus Cristo falou tanto sobre dinheiro. Dezesseis das trinta e oito parábolas tratam da forma de lidar com o dinheiro e com as posses. Na verdade, Jesus falou mais sobre dinheiro do que sobre quase todos os outros assuntos. A Bíblia contempla quinhentos versículos sobre oração, um pouco menos de quinhentos sobre fé e mais de dois mil trezentos e cinquenta sobre dinheiro e posses.

Se o Senhor falou tanto sobre isso é porque deseja que conheçamos Sua perspectiva a respeito de uma área tão crítica da vida. Ele importou-se com a questão do dinheiro porque dinheiro é importante."

Extraído do livro *O Seu Dinheiro* (Howard Dayton)

EXERCÍCIO 07:

Escrevam, juntos, os investimentos que já fizeram ao longo do seu casamento — caso você seja casado. Se ainda estiver construindo a sua família, em um namoro ou noivado, faça as anotações do que vocês acham que vão gastar.

INVESTIMENTO	VALOR
TOTAL	

Vejam como vocês são abençoados por Deus!

Faça uma oração de agradecimento a Deus por tudo o que Ele tem feito por você!

Apresente louvor a Deus e cante o hino 159 do hinário adventista:

CHUVAS DE BÊNÇÃOS

Chuvas de bênçãos teremos;
É a promessa de Deus
Tempos benditos veremos,
Chuvas de bênçãos dos Céus

Sim, chuvas de bênçãos,
Chuvas de bênçãos dos Céus!
Gotas somente nós temos;
Chuvas rogamos a Deus

Chuvas de bênçãos teremos;
Vida de paz e perdão
Os pecadores indignos
Graça dos Céus obterão

Chuvas de bênçãos teremos;
Manda-nos já, ó Senhor!
Dá-nos agora o bom fruto
Desta promessa de amor

Chuvas de bênçãos teremos;
Chuvas mandadas dos Céus;
Bênçãos a todos os crentes,
Bênçãos do nosso bom Deus

SEXTO DIA

"Devemos estar sempre em guarda e não nos permitir gastar dinheiro com o que não é necessário, simplesmente por ostentação. Não nos devemos permitir condescender com gostos que nos levam a seguir os costumes do mundo e roubar o tesouro do Senhor" (*The Review and Herald*, 19.dez.1893).

NOSSA POSIÇÃO É A DE UM ADMINISTRADOR

Gênesis 24:2

NOVA TRADUÇÃO NA LINGUAGEM DE HOJE	ALMEIDA REVISTA E ATUALIZADA	ALMEIDA REVISTA E CORRIGIDA	TRADUÇÃO BRASILEIRA
Um dia ele chamou o seu empregado mais antigo, que tomava conta de tudo o que ele tinha, e disse: Ponha a mão por baixo da minha coxa e faça um juramento.	Disse Abraão ao seu mais antigo servo da casa, que governava tudo o que possuía: Põe a mão por baixo da minha coxa para que eu te faça jurar pelo Senhor Deus do céu e da terra...	E disse Abraão ao seu servo, o mais velho da casa, que tinha o governo sobre tudo o que possuía: Põe agora a tua mão debaixo da minha coxa para que eu te faça jurar pelo Senhor, Deus dos céus e Deus da terra...	Abraão disse ao seu servo, o mais antigo da sua casa, que tinha o governo sobre tudo o que possuía: Põe a tua mão por baixo da minha coxa, e te farei jurar por Jeová, Deus do céu e da terra...

Pensadores Cristãos:

"Deus não promete transbordar tua conta bancária, mas promete te suprir em todas as tuas necessidades." (Paul Chappell)

EXERCÍCIO 08:

Supere o estresse financeiro contando os centavos. Trata-se do sentimento negativo quando não se tem recursos suficientes para satisfazer as necessidades da vida. Principalmente, isso é o resultado de não ter um quadro claro e exato de como o dinheiro está sendo usado. Continue a anotar cada centavo que gasta. Lembre-se de que suas despesas têm um limitador de 55% do total de rendimentos que você e sua família possuem; ou seja, você precisa readequar o seu padrão de vida para que as despesas caibam dentro dessa porcentagem.

No final do livro, você terá o seu controle de gastos (orçamento financeiro baseado na **Metodologia DSOP**) que vai servir para os próximos 31 dias. Será o seu plano de vida; anote todas as ENTRADAS e todas as SAÍDAS. Dia após dia, centavos por centavos deverão ser anotados no CONTROLE DE GASTOS. Crie um hábito de ser responsável por cada centavo que esteja sob sua responsabilidade.

Faça uma oração de agradecimento a Deus por tudo o que Ele tem feito por você!

Apresente louvor a Deus e cante o hino 185 do hinário adventista:

JÁ AVALIASTES O PREÇO?

Quem rejeita o bom Deus está um caminho a traçar
Que abafar vai a voz do Senhor;
E se as glórias do mundo só queres buscar,
Já do preço calculaste o valor?

Se tua alma perderes, de que valerá
Ter o mundo e seu esplendor?
E da senda que agora tu estás a trilhar
Já do preço calculaste o valor?

Vais trocar a esperança de vida eternal
Por qualquer momentâneo fulgor?
Do prazer do pecado e seu brilho fatal,
Já do preço calculaste o valor?

E enquanto Sua graça inda franca estiver,
E encerrado não for seu favor,
Tu não queres chegar ao teu Deus e dizer:
"Já do preço calculei o valor?"

SÉTIMO DIA

"A única maneira que Deus ordenou para fazer avançar Sua causa é abençoar os homens com propriedades. Dá-lhes Sua luz do sol e a chuva; faça a vegetação crescer e ofereça saúde e habilidade para adquirir meios. Todas as nossas bênçãos provêm de Suas generosas mãos. Por sua vez, deseja que os homens e as mulheres mostrem sua gratidão devolvendo-Lhe uma parte em dízimos e ofertas – em ofertas de gratidão, ofertas voluntárias e ofertas pelo pecado" (*Testemunhos Seletos,* Vol. 2, página 41).

SOMOS RESPONSÁVEIS PELA ADMINISTRAÇÃO DOS BENS QUE CRISTO NOS CONFIOU

1 Coríntios 4:2

NOVA TRADUÇÃO NA LINGUAGEM DE HOJE	ALMEIDA REVISTA E ATUALIZADA	ALMEIDA REVISTA E CORRIGIDA	TRADUÇÃO BRASILEIRA
O que se exige de quem tem essa responsabilidade é que seja fiel ao seu Senhor.	Ora, além disso, o que se requer dos despenseiros é que cada um deles seja encontrado fiel.	Além disso, requer-se nos despenseiros que cada um se ache fiel.	Ora, além disso, o que se requer nos despenseiros é que eles se achem fiéis.

Pensadores Cristãos:

"Quando aceitamos que o nosso dinheiro é de Deus, cada decisão financeira se torna uma decisão espiritual." (John Piper)

EXERCÍCIO 09:

Hoje é um dia muito importante: chegamos ao DIA DO SENHOR! Essa é uma oportunidade que Deus concede aos seus filhos para refletirem sobre seu amor, cuidado, justiça, bênçãos, misericórdia, fidelidade e salvação.

Quero desafiar você a fazer um compromisso: realizar uma declaração de transferência de propriedade de tudo aquilo que você tem ao Senhor. Nós não somos donos de nada! Lembre-se: Deus é dono de tudo! Essa é apenas uma reprodução da sua declaração. Pegue a sua no fim deste livro. Recorte-a, declare seu amor incondicional e deixe-a em um local visível para você e sua família.

DECLARAÇÃO

DE TRANSFERÊNCIA DE POSSE

Declaro que é tudo do

SENHOR

Graças à sua bondade hoje estou aqui!
"Ofertas voluntárias e o dízimo constituem
a receita do evangelho."

TS2. Pág.40

____________________ Seu nome

__________ Data

Relacione quais itens você possui e deseja que Deus seja o proprietário deles. Faça um levantamento minucioso de tudo que você tem e passe a propriedade ao Senhor, dizendo: "SENHOR, TU ÉS O DONO DE TUDO, RECONHEÇO QUE MORDOMIA É VIVER O AMOR DE DEUS".

Faça uma oração de agradecimento a Deus por tudo o que Ele tem feito por você!

Apresente louvor a Deus e cante o hino 295 do hinário adventista:

TUDO ENTREGAREI

Tudo, ó cristo, a ti entrego,
Tudo sim, por ti darei!
Resoluto, mas submisso,
Sempre a ti eu seguirei!

Tudo entregarei! Tudo entregarei!
Sim, por ti, Jesus bendito,
Tudo deixarei!
Tudo, ó cristo, a ti entrego,
Corpo e alma eis aqui!
Este mundo mau renego,
Quero dedicar-me a ti!

Tudo, ó cristo, a ti entrego,
Que prazer, ó meu senhor!
Paz perfeita, paz completa!
Glória, glória ao salvador!

OITAVO DIA

"Não vos deveis permitir ficar embaraçado financeiramente, pois o fato de estardes com dívida enfraquece a vossa fé e vos leva ao desânimo, e até mesmo pensar nela vos deixa quase desatinado. Deveis reduzir vossas despesas e esforçar-vos por vencer essa deficiência de vosso caráter. Podeis e deveis fazer determinados esforços para pôr sob controle a disposição que tendes de gastar dinheiro além de vossa receita" (Carta 48, 1888).

SOMOS ENCORAJADOS A NÃO TER DÍVIDAS

Romanos 13:8

NOVA TRADUÇÃO NA LINGUAGEM DE HOJE	ALMEIDA REVISTA E ATUALIZADA	ALMEIDA REVISTA E CORRIGIDA	TRADUÇÃO BRASILEIRA
Não fiquem devendo nada a ninguém. A única dívida que vocês devem ter é a de amar uns aos outros. Quem ama os outros está obedecendo à lei.	A ninguém fiqueis devendo coisa alguma, exceto o amor com que vos ameis uns aos outros, pois quem ama o próximo tem cumprido a lei.	A ninguém devais coisa alguma, a não ser o amor com que vos ameis uns aos outros, porque quem ama os outros cumpriu a lei.	A ninguém devais coisa alguma, senão o amor recíproco, porque aquele que ama o seu próximo tem cumprido a lei.

Pensadores Cristãos:

"É hora de parar de comprar coisas de que não precisamos com dinheiro que não temos para impressionar pessoas de que não gostamos."

EXERCÍCIO 10:

Caso você esteja com dívidas, tenha certeza de que é possível resolver esse problema, não importando o tamanho do estrago. Um aspecto interessante é analisar que você não cai de paraquedas em uma dívida de consumo. Trata-se de uma escolha totalmente sua. Porém, ao se dar conta da situação financeira, você acaba não conseguindo enxergar uma saída, uma luz no fim do túnel.

E, ao ser cobrado pelos credores, sentimos a pressão. Rei Salomão, no século X a.C., disse que, da mesma forma que o rico domina o pobre, aquele que toma emprestado torna-se servo daquele que o empresta.

É necessário seguir alguns passos:

- ✔ ORAR;
- ✔ RECONHECER O PROBLEMA;
- ✔ ORGANIZAR AS CONTAS;
- ✔ EQUILIBRAR AS FINANÇAS;
- ✔ RENEGOCIAR AS DÍVIDAS;
- ✔ MUDAR O ESTILO DE VIDA.

Relacione suas dívidas:

Dívidas	**Quantia devida**	**Pagamento mensal**	**Quantidade de parcelas a pagar**

Você já ouviu alguém dizer "Como eu sou abençoado! Estou cheio de dívidas"? Obviamente, não. As dívidas aproximam as maldições – não as bênçãos – da vida de uma pessoa.

DÍVIDA É ESCRAVIDÃO – DÍVIDA É MALDIÇÃO

✔ Tenha sempre consistência e persistência.
✔ Estabeleça um programa de pagamento sistemático das dívidas até chegar ao "Dia sem dívidas".
✔ Liquide as dívidas pequenas – método da pirâmide invertida.
✔ Liquide as dívidas de juros mais altos.

No livro *O seu dinheiro*, o autor Howard Dayton ressalta três fatores importantes durante o processo de constituição de dívidas:

✔ Quanto mais televisão você vê, mais gasta.
✔ Quanto mais folheia revistas e catálogos, mais gasta.
✔ Quanto mais frequenta lojas, mais gasta.

É necessária uma mudança radical e urgente no seu estilo de vida. Se for o caso, diminua suas despesas atuais drasticamente para poder se livrar das dívidas em um curto espaço de tempo.

ORE E PEÇA AJUDA
A **DEUS** PARA QUE
VOCÊ FIQUE LIVRE
DAS DÍVIDAS.
PARE NESTE
EXATO MOMENTO
E **ORE**
PEDINDO COM **FÉ**
AO **SENHOR**.

Um servo de Deus precisa considerar, em todos os seus atos, a mensagem salvadora de Jesus:

> "A prática de tomar dinheiro emprestado para atender a uma necessidade e não tomar nenhuma providência para saldar a dívida, embora comum, é desmoralizadora. O Senhor quer que todos os que creem na verdade convertam-se dessas práticas de engano próprio. Devem eles refletir antes de cometer um ato desonesto. Nenhuma alma pode recorrer à prevaricação ou à desonestidade ao lidar com os bens do Senhor e ficar sem culpa diante de Deus. Todos os que o fazem negam a Cristo nas ações – enquanto professam guardar e ensinar os mandamentos de Deus. Não mantêm os princípios da lei de Deus. Se os que veem a verdade não mudarem o caráter, correspondendo à santificadora influência da verdade, serão um cheiro de morte para a morte. Eles deturparão a verdade, trar-lhe-ão descrédito e desonrarão a Cristo, que é a verdade" (Manuscrito 168, 1898).

Faça uma oração de agradecimento a Deus por tudo o que Ele tem feito por você!

Apresente louvor a Deus e cante o hino 240 do hinário adventista:

BENDITA SEGURANÇA

Que segurança! Sou de Jesus!
Eu já desfruto bênçãos da luz!
Sei que herdeiro sou de meu Deus;
Ele me leva à glória dos céus!
Canta, minh'alma! Canta ao senhor!
Rende-lhe sempre honra e louvor!
Canta, minh'alma! Canta ao senhor!
Rende-lhe sempre honra e louvor!
Sendo submisso sempre ao bem,
Sinto os enlevos puros do além;
Anjos, descendo, trazem do alvor
Ecos da graça, bênçãos do amor.

Sempre vivendo em seu grande amor,
Me regozijo em meu salvador;
Esperançoso, vivo na luz;
Quanta bondade tem meu Jesus!

NONO DIA

"Deves procurar saber quando poupar e quando gastar" (Lar adventista).

POUPAR E INVESTIR

Romanos 13:8

NOVA TRADUÇÃO NA LINGUAGEM DE HOJE	ALMEIDA REVISTA E ATUALIZADA	ALMEIDA REVISTA E CORRIGIDA	TRADUÇÃO BRASILEIRA
O homem sensato tem o suficiente para viver na riqueza e na fartura, mas o insensato não, porque gasta tudo o que ganha.	Tesouro desejável e azeite há na casa do sábio, mas o homem insensato os desperdiça.	Tesouro desejável e azeite há na casa do sábio, mas o homem insensato os devora.	Há tesouros preciosos e azeite na casa do sábio, mas o homem insensato os devora.

Pensadores Cristãos:

"O princípio fundamental necessário para você se tornar um investidor próspero é gastar menos do que ganha." (Howard Dayton)

EXERCÍCIO 11:

Um homem muito rico, ao ser questionado se conhecia as Sete Maravilhas do Mundo Antigo, respondeu: "Não, mas conheço as vantagens da oitava maravilha do mundo – os juros acumulados". É sobre eles que quero falar no nono dia com Deus, pois é um assunto de suma importância. Basicamente, existem três variáveis: **valor economizado**, **taxa de juros** e **tempo**.

Mauro Halfeld diz que poupar é a primeira batalha; investir corretamente, fazendo seu dinheiro crescer, é a segunda; e usufruir os resultados obtidos é vencer a guerra.

VALOR ECONOMIZADO: como já abordado anteriormente, é necessário reservar um percentual de 10% para a liberdade financeira. Quanto mais controlado você for, maior a possibilidade de aumentar a sua conta (ou seu pote) da liberdade financeira. Portanto, é necessário economizar para poder investir.

TAXA DE JUROS: os juros das aplicações fazem o bolo crescer. Quanto maior a taxa de juros, maior o rendimento e maior o valor acumulado.

TEMPO: comece a investir desde cedo. Quanto antes você começar, mais fácil ficará. Ensine seus filhos a poupar.

A tabela a seguir mostra como um investimento de R$ 1.200,00 por ano cresce com a taxa de juros.

JUROS		EM 5 ANOS		EM 10 ANOS		EM 20 ANOS		EM 30 ANOS		EM 40 ANOS
	VALOR INVESTIDO	VALOR ACUMULADO	VALOR INVESTIDO	VALOR ACUMULADO	VALOR INVESTIDO	VALOR ACUMULADO	VALOR INVESTIDO	VALOR ACUMULADO	VALOR INVESTIDO	VALOR ACUMULADO
6%	6.000,00	7.170,38	12.000,00	16.765,97	24.000,00	46.791,27	36.000,00	100.562,01	48.000,00	196.857,22
8%	6.000,00	7.603,11	12.000,00	18.774,58	24.000,00	59.307,51	36.000,00	146.815,04	48.000,00	335.737,25
10%	6.000,00	8.058,73	12.000,00	21.037,40	24.000,00	75.603,00	36.000,00	217.132,11	48.000,00	584.222,17
12%	6.000,00	8.538,23	12.000,00	23.585,50	24.000,00	96.838,48	36.000,00	324.351,13	48.000,00	1.030.970,87

Para você calcular os juros compostos de cabeça é bem fácil: utilize a **REGRA DOS 72**. Pegue o número 72 e divida pela taxa de retorno (%) = número de anos para duplicar o dinheiro.

$$\frac{72}{\%\text{ de retorno}} = \text{n}^{\text{o}}\text{ de anos para duplicar o dinheiro}$$

Imagine que você consiga uma taxa de retorno de 10% dos seus investimentos. Aplicando a regra dos 72, a fórmula 72/10 = 7,2 anos, ou seja, você precisará de 7,2 anos para duplicar seu dinheiro. É preciso de pouco dinheiro para fazer dinheiro, desde que você tenha disciplina, planeje e seja paciente.

DÉCIMO DIA

"Todos devem aprender a tomar notas de suas despesas. Alguns o negligenciam como não sendo coisa essencial. Trata-se de um erro. Todas as despesas devem ser anotadas com exatidão" (Obreiros evangélicos).

O QUE VOCÊ TEM?

Romanos 13:8

NOVA TRADUÇÃO NA LINGUAGEM DE HOJE	ALMEIDA REVISTA E ATUALIZADA	ALMEIDA REVISTA E CORRIGIDA	TRADUÇÃO BRASILEIRA
O homem sensato tem o suficiente para viver na riqueza e na fartura, mas o insensato não, porque gasta tudo o que ganha.	Tesouro desejável e azeite há na casa do sábio, mas o homem insensato os desperdiça.	Tesouro desejável e azeite há na casa do sábio, mas o homem insensato os devora.	Há tesouros preciosos e azeite na casa do sábio, mas o homem insensato os devora.

Pensadores Cristãos:

"Se você possui alguma coisa que Deus não pode ter, você nunca terá um avivamento." (A. W. Tozer)

EXERCÍCIO 12:

O que você tem?

Inventário Individual

Eliseu perguntou à viúva: "O que você tem?". Ela, impulsivamente, respondeu: "Não tenho nada". Quando o profeta lhe perguntou novamente, a viúva se recordou que possuía um pouco de azeite em sua casa (II Reis 4.1-7).

Ainda que pouco e aparentemente insignificante, Deus usou aquele singelo bem para ajudar a solucionar o problema da viúva. Dessa maneira, ela e seus filhos foram diretamente envolvidos na solução das suas dificuldades e, como resultado, Deus se manifestou e lhes proveu um milagre.

Escreva o que você possui – ainda que pouco – e que Deus pode utilizar para ajudar você por meio das dificuldades presentes e futuras.

Bens/pertences (casa, automóvel, itens de valor, antiguidades, propriedades para aluguel ou terrenos, economias, investimentos).	
Item	Observação ou sugestão de ajuda

Habilidades/talentos (dar aulas de música, costura, mecânica de automóveis, jardinagem, contabilidade).	
Habilidade/talento	Observação ou sugestão de ajuda

Pessoas que podem me ajudar (amigos, família, chefe, membros da igreja, pastor, conselheiro, mentor).	
Nome	Como poderiam me ajudar?

Talvez Deus tenha o abençoado em áreas nas quais você pode prestar ajuda aos outros. Em oração, considere itens de suas listas de bens/pertences e habilidades/talentos que poderiam ser usados para ajudar outras pessoas necessitadas. A seguir, liste as pessoas que você pode ajudar.

Pessoas que posso ajudar (amigos, família, chefe, membros da igreja, pastor, conselheiro, mentor)	
Nome	Necessidade(s) da pessoa

Fonte: adaptada do Ministério de Finanças.

Faça uma oração de agradecimento a Deus por tudo o que Ele tem feito por você!

Apresente louvor a Deus e cante o hino 193 do hinário adventista:

Creio em Milagres

Em toda a criação de Deus
Eu vejo o seu poder;
E quem contempla a linda flor
Milagres pode ver

Creio em milagres,
Pois cristo me salvou!
Tão grandioso é o poder
Que assim me transformou!
Minh'alma escura se abriu
À luz do salvador.
Creio em milagres,

Pois tenho um Deus de amor!
De Deus o amor, poder real,
Milagres fez em mim
Perdão, felicidade, paz,
Eu tenho agora, enfim
Divino pai, em seu poder
Renova o coração,
E num milagre de amor,
Opera a salvação

CONCLUSÃO

Chegamos ao fim de uma jornada. Espero em Deus que este livro tenha sido um instrumento de orientação para sua vida financeira e familiar. A alfabetização financeira é uma linguagem global; porém, como igreja, estamos fracassando:

✔ Fracassando em ensinar nossos membros a pescar;
✔ Falhando quando não oferecemos educação financeira aos nossos irmãos em Cristo. A maioria dos membros da nossa igreja não faz a mínima ideia sobre um assunto tão importante na vida em sociedade. Esse é um dos motivos que fazem com que muitos vivam um lar de extrema pobreza.

Precisamos, por meio do poder de Deus, garantir uma prosperidade econômica para os nossos filhos. Os princípios básicos apresentados nesta obra darão condições para que você possa prosperar e expandir a sua mente.

A economia doméstica precisa ser impressa na mente de todos. Precisamos nos tornar fluentes na linguagem financeira, que é cada dia mais atual. Todos nós precisamos nos tornar bilíngues, ou seja, aprender a linguagem do dinheiro.

Não entender essa linguagem é ser um escravo econômico. Trata-se de uma ação primordial nos dias e tempos atuais. Não se esqueça: em momentos de dificuldades, "alguém" está ganhando, lucrando, subindo, crescendo e enriquecendo. Esta é nossa responsabilidade: dar aos outros as ferramentas de que precisam para se tornarem homens fiéis e prósperos para contribuírem de forma liberal para o avanço da obra de Deus.

A receita para o avanço da obra como coparticipantes é por meio da alfabetização financeira do povo de Deus. Precisamos transformar a vida de pessoas.

Nas próximas páginas, você fará uma nova avaliação da sua vida financeira e irá compará-la com a avaliação feita no início do livro.

A nossa jornada finaliza com o hino 417.

MAIS PERTO QUERO ESTAR

Mais perto quero estar
Meu Deus, de Ti
Ainda que seja a dor
Que me una a Ti
Eis meu constante orar
Mais perto quero estar
Mais perto quero estar
Meu Deus, de Ti

Andando triste aqui
Na solidão
Paz e descanso a mim
Teus braços dão
Minh'alma cantará
A Ti, Senhor
Cheia de gratidão
Por Teu amor

O que Deus diria sobre a sua mordomia financeira neste exato momento? Para ajudar a avaliar como você está se saindo como mordomo financeiro, atribua a si mesmo(a) uma nota para cada um dos critérios a seguir. Circule uma resposta na escala, considerando 1 péssimo e 5 excelente:

Conhece e aplica a Palavra de Deus em relação às suas decisões financeiras	1	2	3	4	5
Dá ao Senhor, dizimando em uma igreja local	1	2	3	4	5
Oferta para sustentar o trabalho de expansão do reino de Deus	1	2	3	4	5
Possui sobra financeira (gasta menos do que ganha)	1	2	3	4	5
Aplica um plano de despesas	1	2	3	4	5
Sabe a diferença entre desejos e necessidades	1	2	3	4	5
Possui um fundo de economia para emergências (meta mínima de R$ 1.000)	1	2	3	4	5
Paga o cartão de crédito	1	2	3	4	5
Paga outras dívidas de consumo (financiamentos de carros, estudantis e/ou familiares)	1	2	3	4	5
Tem um financiamento habitacional administrável	1	2	3	4	5
Economiza para compras de valores mais altos	1	2	3	4	5
Economiza para a aposentadoria	1	2	3	4	5
Economiza para a educação dos filhos	1	2	3	4	5
Possui um testamento atualizado	1	2	3	4	5
Compartilha os princípios financeiros de Deus com outras pessoas	1	2	3	4	5

Fonte: adaptada do Ministério de Finanças.

Agora analise a sua nota. Se o seu resultado for:

De 15 a 25 Você começou bem a sua jornada para a mordomia.
De 26 a 50 Você está indo bem no seu caminho.
De 51 a 75 Você está se tornando fiel na mordomia.

Veja, a seguir, algumas passagens bíblicas e questões para refletir, de forma mais profunda, sobre como ser um bom mordomo:

✔ Leia Atos 20.35 e 1 Coríntios 13.3. Qual é a atitude que Deus espera de você quanto a dar?

✔ Leia Malaquias 3.8-10. Por que Deus deseja que você dizime e oferte?

✔ Leia Provérbio 22.7 e Provérbio 6.5. O que as ações da gazela revelam sobre a maneira como você deve ver as suas dívidas?

✔ Leia Provérbio 21.20. Por que economizar é o oposto de se endividar?

✔ Leia 1 Tessalonicenses 4.11, 12. O que Deus pode fazer com um bom mordomo?

A última e grande regra de ouro

Durante os próximos meses, você deve monitorar todas as suas entradas e suas saídas de dinheiro. Lembre-se: você deve andar antes que consiga correr. Esse ditado é ainda mais verdadeiro quando se trata de administrar o próprio dinheiro.

Se você está em uma situação financeira apertada, terá de começar a mudança devagar. Sua primeira prioridade financeira –

mesmo antes de pagar a dívida – é criar uma conta-poupança. Essa é a proteção financeira que protege você de despesas inesperadas ou de uma interrupção em sua renda. É por isso que precisa ser uma prioridade. Posso afirmar com toda a tranquilidade: primeiramente, você deve poupar para depois pagar as contas.

Isso não quer dizer que você viverá como inadimplente, mas deverá se enquadrar ao valor restante depois do valor depositado em poupança. Comece a economizar desde jovem e investir esse dinheiro, deixando que ele cresça ao longo do tempo. É assim que você **se torna financeiramente seguro** e tem a capacidade de financiar sua vida.

Se esquecer tudo o que foi apresentado nas páginas anteriores, destaque a seguinte ideia:

✔ Primeiro, conheça sua renda total (o que entra).

✔ Em seguida, anote todas as suas despesas (o que sai).

✔ Certifique-se de pagar (devolver) primeiro a Deus e a si mesmo, dando a primeira porcentagem ao Senhor e uma porcentagem para sua poupança. Separe seu dinheiro para: comida, moradia, outras contas necessárias, transporte, trabalho e despesas escolares, despesas médicas, dívidas, roupas, presentes e, finalmente, entretenimento. Uma boa maneira de priorizar é pensar no que é absolutamente necessário (primeiro) e somente depois pensar naquilo que é frívolo (último).

✔ E a última e grande regra de ouro: quando receber seus salários, seus vencimentos, suas rendas, a primeira coisa que deverá fazer com sua parte é poupar; separe um valor mensalmente e, depois, pague as despesas. Funciona da seguinte forma: NOSSA PARTE (-) MENOS O VALOR POUPADO = PAGAMENTO DAS DESPESAS.

Rendimento mensal		VALOR (R$)
A	Rendimento bruto (salários, comissões, bônus)	
B	Descontos diversos (INSS, IRRF, outros)	
Rendimento líquido C = (A-B)		
PARTE DE DEUS (DÍZIMOS + OFERTAS)		
DÍZIMOS (10%) SOBRE O RENDIMENTO BRUTO		
PACTO (%) SOBRE O RENDIMENTO BRUTO		

Rendimento anual		VALOR (R$)
A	Rendimento bruto (salários, comissões, bônus)	
B	Outras receitas (13°, férias, outras)	
C	Descontos diversos (INSS, IRRF, outros)	
Rendimento líquido D = (A+B-C)		

PARTE DE DEUS	
DÍZIMOS	
PACTO	
NOSSA PARTE = RENDIMENTO LÍQUIDO (-) PARTE DE DEUS	

Da nossa parte, poupe sempre primeiro antes de qualquer outro destino do valor que você tem!

E, por fim, reforçando o conceito financeiro e econômico, você já parou para pensar por que você precisa de um plano de controle (orçamento) por escrito? Porque você precisa saber para onde seu dinheiro está indo. A maioria das pessoas acha que sabe, mas, quando pressionadas, elas realmente não têm a menor ideia de como **gastam seu dinheiro** todo mês.

Sim, estou falando de você.

É necessário e indispensável viver de forma simples, e esse é o desejo de Deus para o seu povo aqui na Terra. Quando assim for nossa regra de vida e prática, seremos cercados pelas bênçãos de Deus. Estaremos em constante comunicação com o nosso Criador. Ele andará lado a lado com o seu povo.

Deus nos abençoe!

DECLARAÇÃO

DE TRANSFERÊNCIA DE POSSE

Declaro que é tudo do

SENHOR

Graças à sua bondade hoje estou aqui!

"Ofertas voluntárias e o dízimo constituem
a receita do evangelho."

TS2. Pág.40

____
Seu nome

____
Data

ANOTAÇÕES

	PLANO DE GASTOS (ORÇAMENTO FINANCEIRO BASEADO NA METODOLOGIA DSOP)												
	Período: Dia/Mês/Ano												
		Mês 1	Mês 2	Mês 3	Mês 4	Mês 5	Mês 6	Mês 7	Mês 8	Mês 9	Mês 10	Mês 11	Mês 12
(+)	**RECEITAS (NOSSA PARTE: 90%)***												
(-)	(-) SONHOS (Curto Prazo)												
(-)	(-) SONHOS (Médio Prazo)												
(-)	(-) SONHOS (Longo Prazo)												
(=)	**SALDO PARA ADEQUAR O PADRÃO DE VIDA**												
DESPESAS	IMPOSTOS												
	CONTRIBUIÇÕES												
	MORADIA												
	ALIMENTAÇÃO												
	TRANSPORTE												
	SEGUROS												
	DÍVIDAS												
	LAZER												
	VESTUÁRIO												
	SAÚDE												
	EDUCAÇÃO												
	DIVERSOS												
(-)	**TOTAL DE DESPESAS**												
(=)	**SALDO DO MÊS**												

*As Escrituras ensinam que há duas partes distintas na forma de lidar com o dinheiro: a de Deus e a nossa. O valor referente aos 10% não faz parte da nossa mordomia (administração); a nossa responsabilidade em administrar corresponde somente aos 90%; mesmo assim, administrar de acordo com a vontade de Deus.